〈ゴルフは
基本がすべて!〉

てらゆーの
ゴルフ
スイング
大全

『Tera-You-Golf』
てらゆー

KADOKAWA

PROLOGUE

[はじめに]

基本を固めるための
地道な練習しか
上達への道はない

「基本＝簡単」というのは間違った考え方

最近は様々なゴルフ理論がありますが、私は常に「シンプルな基本」が大切だとお伝えしています。プロゴルファーの練習を見ていると、特別なことをしているかというとそうではなく、ほとんどの選手が基本に忠実な確認作業に多くの時間を費やしています。地味ですが基本を極めることで、トップレベルまで到達できるということです。アマチュアゴルファーが勘違いしやすいのは、「基本＝簡単」だと考えてしまうことです。「基本なんてできている」そう思って、すぐに違う動きをやろうとしてしまいますが、実は身に付いていないというパターンがほとんどなのです。

残念ながら、ゴルフに魔法はありません。「〇〇すれば曲がらない」、「〇〇するとすぐに飛距離が30ヤード伸びる」といった言葉を鵜呑みにしてはいけないのです。「楽して上手くなりたい」という誘惑に負けないでください。

例えば、スライスしている人に「思いっきり手を返せば真っ直ぐ飛ぶよ」と伝えれば、確かに一定の効果はあるかもしれません。しかしそれは対症療法であり、練習場ではできていてもコースに出ると全く違う球が出たり、一時は良くても長くは続かない、という結果になりやすいのです。そしてそのような極端な動きを続けていると、体に染みついてしまい、かえって副作用のようにどんどん病状を悪化させてしまうことにも繋がるのです。根本的な上達を目指すのであれば、どんなレベルの人でも基本を固めるための地道な練習しか方法はなく、それが一番の近道だということです。

ゴルフが魔法のように
上達する方法はありません

初心者から上級者まで幅広い層のゴルファーに気付きと感動を与えたい

PROLOGUE

ゴルフスイングの基本とはどういったものか

ゴルフスイングの基本は、「振り子」のようにクラブを動かし、体の「回転」によってその振り幅を大きくして、「足を動かす」ことでスムーズに速く振ることができる、という構造になっています。つまり、「振り子・回転・足の動き」の３つに分けることができるのです。私はこれを「３つの土台」と呼んでいます。これらは連動した動きであり、どれか1つでも欠けてしまうと、効率的なスイングにはなりません。ほとんどのアマチュアゴルファーは、この中のどれかができていなかったり、不十分になっています。この「３つの土台」のそれぞれの動きを理解して、自分に足りていない部分を見極め、集中的に練習することで、正しいスイングを身に付けることができます。正しいスイングができるようになると、「勝手に当たる！」、「力んでいないのに飛んでいる！」といった驚きを味わうことができます。逆にそういった感覚を体感したことがない人は、基本のゴルフスイングとは違った打ち方になってしまっているということです。実は基本を身に付けるだけで、ゴルフ観が変わってしまうほど、気持ち良く振り抜けて楽に飛ばせるスイングが手に入るのです。

初心者から上級者までレベルアップできる

今はインターネットで簡単に様々な情報を手に入れられる時代です。ゴルフスイングについてのレッスンも溢れかえっていて、どれが基本なのかがわかりにくくなっています。だからこそ、「正しい基本」を伝えたくてＹｏｕＴｕｂｅを始めました。チャンネルをスタートしたのは２０２０年の４月ですが、１年あまりで登録者数が30万人、２０２２年には60万人を超えました。ありがたいことに、コメント欄には初心者からの１００

切り、上級者からの80切り、パープレー達成、などの報告をとても多く頂けています。そして、2022年の3月には、新橋に1号店となる『TERA-YOU-GOLF-STUDIO』をオープンすることができました。ここでも「3つの土台」を基にしたレッスンを行なっており、直接スイングをチェックした上で、その人の弱点に対してピンポイントなアドバイスをお伝えしています。これだけ多くの人に支持を頂けたのは、各人がその効果を実感できたからだと思いますし、やはり基本を大切にすることが上達への一番の近道なのだと改めて確証を得ることができました。

本書では、「3つの土台」を中心とした解説をしていきます。初心者はもちろん、中～上級者でも、もう一度「シンプルな基本」を見直して頂くキッカケになれば幸いです。

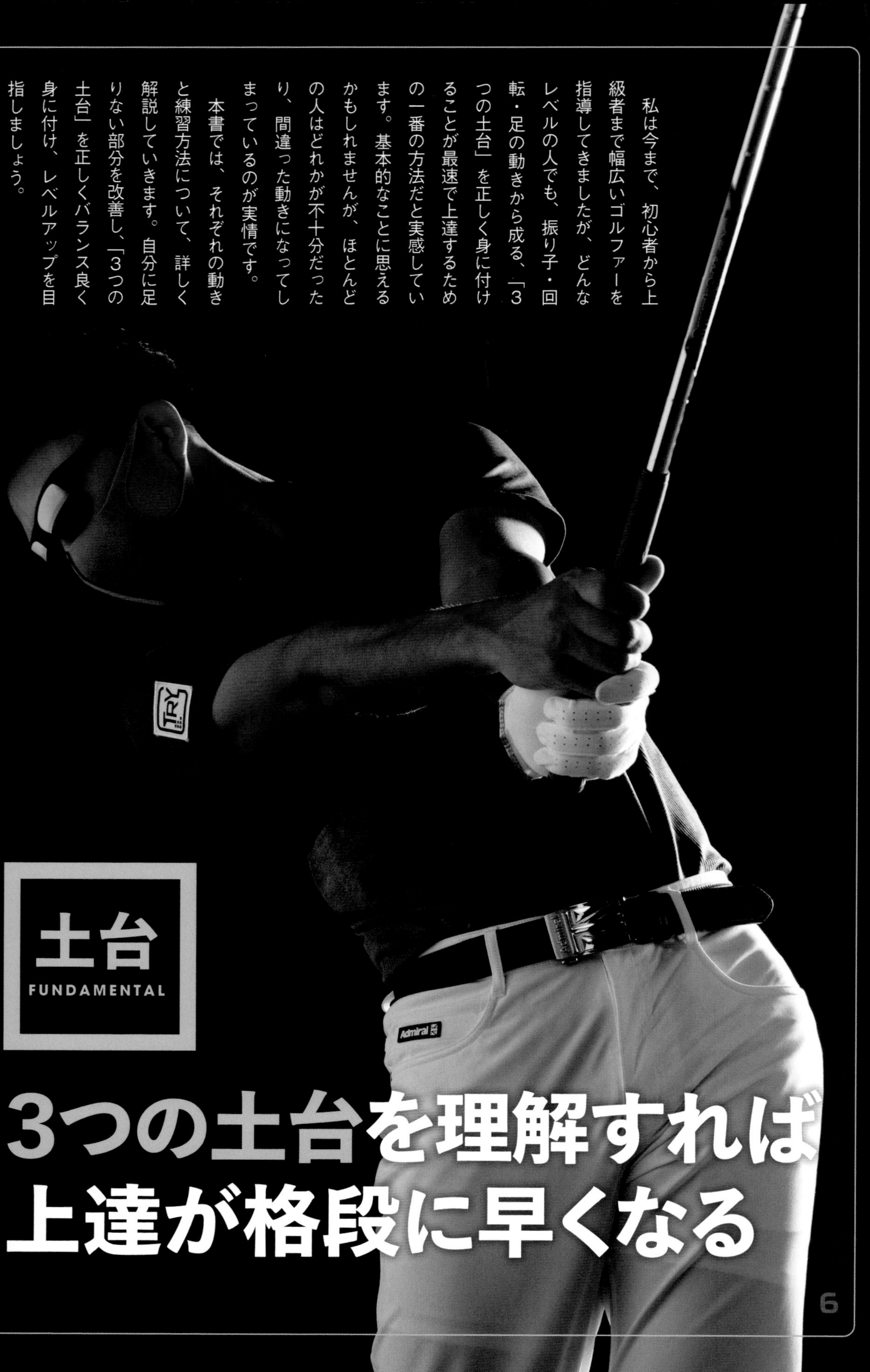

土台
FUNDAMENTAL

3つの土台を理解すれば上達が格段に早くなる

私は今まで、初心者から上級者まで幅広いゴルファーを指導してきましたが、どんなレベルの人でも、振り子・回転・足の動きから成る、「3つの土台」を正しく身に付けることが最速で上達するための一番の方法だと実感しています。基本的なことに思えるかもしれませんが、ほとんどの人はどれかが不十分だったり、間違った動きになってしまっているのが実情です。

本書では、それぞれの動きと練習方法について、詳しく解説していきます。自分に足りない部分を改善し、「3つの土台」を正しくバランス良く身に付け、レベルアップを目指しましょう。

ゴルフスイングを構成する3つの土台

FUNDAMENTAL 1

振り子

ゴルフにおいて最も重要なのが再現性だ。常にフェースの芯でボールを捉え、真っ直ぐきれいに飛ばすためには、振り子のようなクラブの動きが必要になる

FUNDAMENTAL 2

回転

体を回転させることで、振り子が大きくなり、ボールを遠くに飛ばすことができる。回転不足のまま飛ばそうとすると、手の力に頼ったスイングになってしまう

FUNDAMENTAL 3

足の動き

歩くように下半身を動かすことで、自然な連動が生まれ、スムーズなスイングができる。また、スイングにスピードやパワーを与えるのも下半身の役割だ

FUNDAMENTAL 1

ゴルフスイングの土台

ゴルフスイングは「振り子」が主体だ

振り子の再現性を取り入れる

ヘッドの重さに任せることが大事

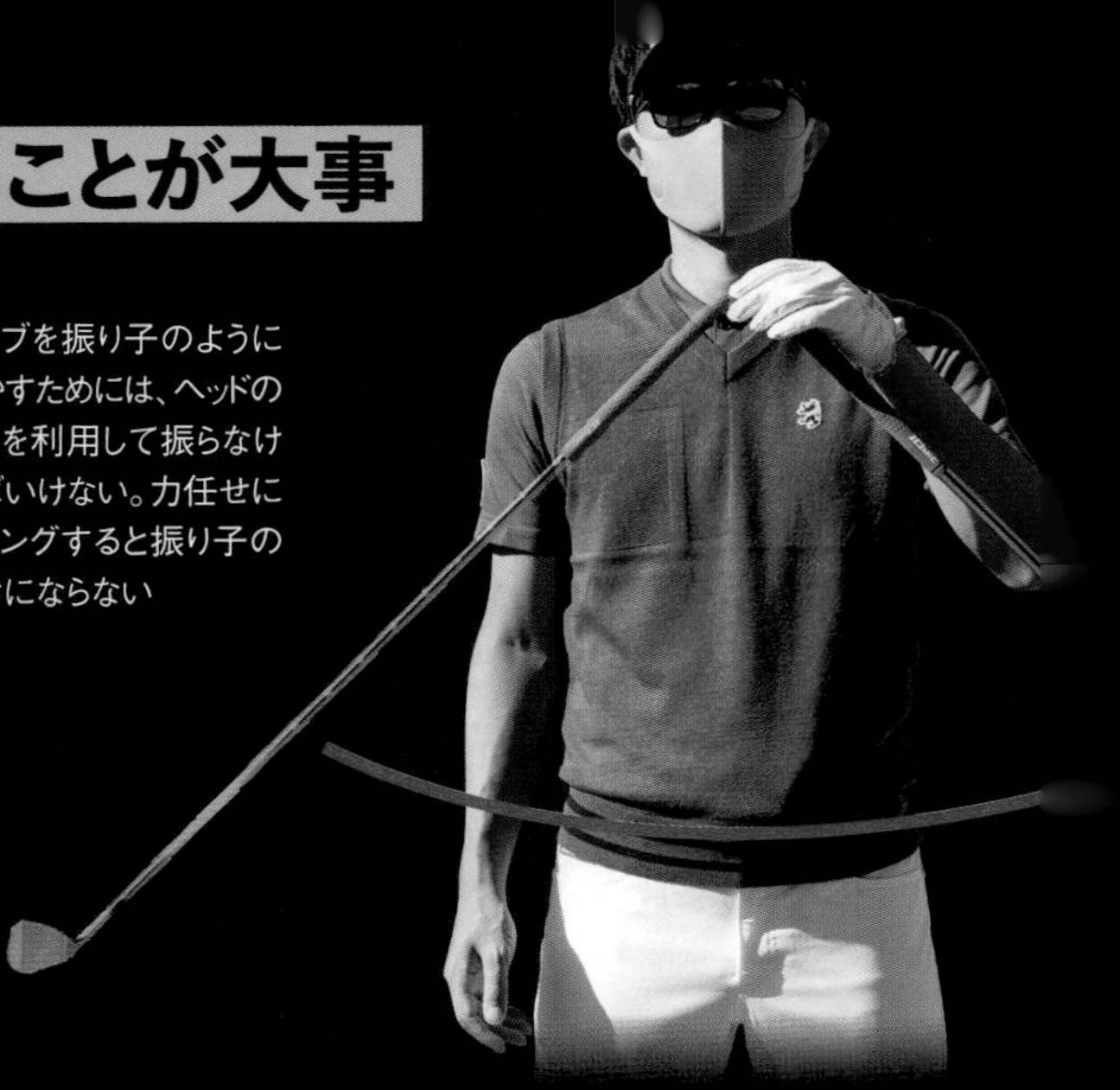

クラブを振り子のように動かすためには、ヘッドの重さを利用して振らなければいけない。力任せにスイングすると振り子の動きにならない

振り子は同じ軌道をたどり同じ場所に下りるもの

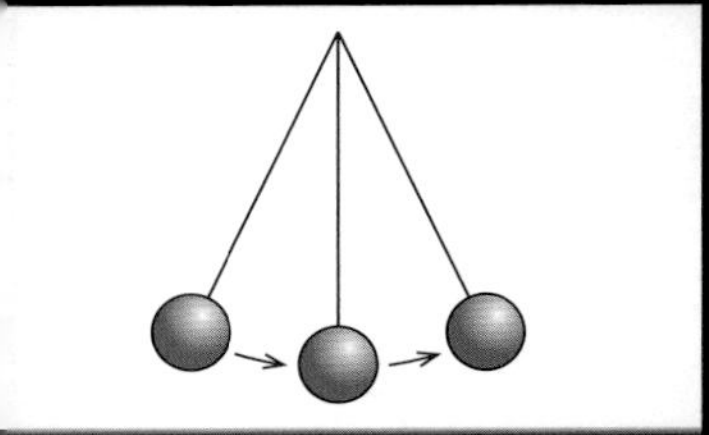

振り子は重力によって落下した重りが同じ軌道で同じ場所に下りてくるもの。これをスイングに取り入れれば再現性を高められる

腕からクラブまでを1本の振り子として考え、首の付け根を支点に振っていく。これがスイングの基本となる、振り子の動きだ

振り子の自然な軌道で方向性も良くなる

させることが必須

ゴルフで最も大切なのが「再現性」です。クラブヘッドが毎回同じところを通過して、同じところに当てることができれば、安定したスコアを出すことができます。そのためには、クラブを振り子のように動かすことが必要です。クラブヘッドが重力によって落下する力でスイングしなければいけないということです。力任せにクラブを振ると、振り子の動きとはかけ離れ、再現性を失ってしまうのです。

スイングの基本は、腕からクラブまでを1本の棒として考え、首の付け根を支点に動かす1本の振り子です。ボールを遠くに飛ばしたい時は、ここに手首を支点とした振り子を加えて、2本の振り子で打ちます。まずは振り子のイメージを持つことから始めましょう。

2つの振り子を使えば 飛距離と再現性を両立できる

1本の振り子に、手首を支点とした振り子を加えることで、クラブの運動量が大きくなり、ボールを遠くに飛ばすことができる

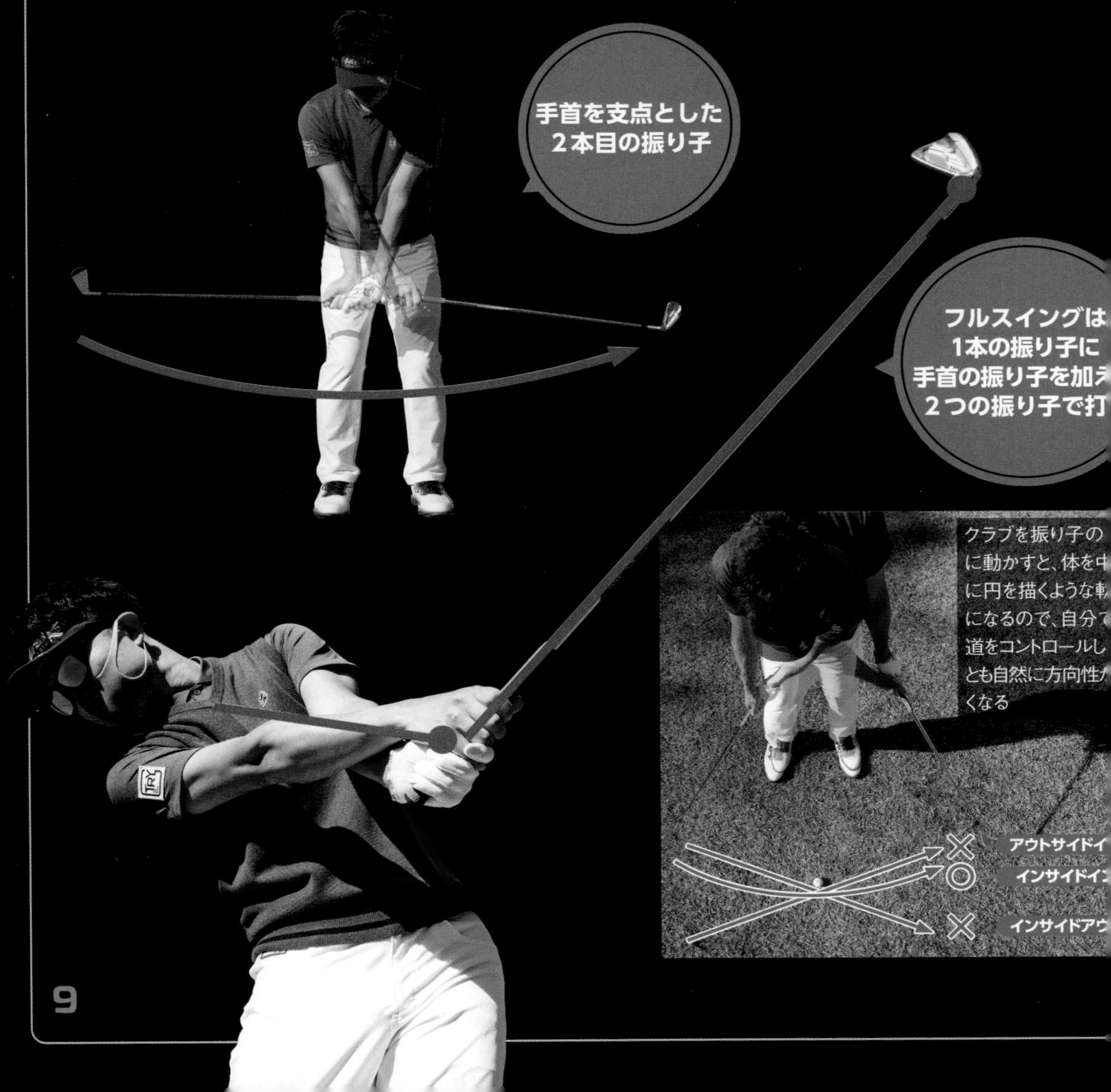
手首を支点とした
2本目の振り子
フルスイングは
1本の振り子に
アウトサイドイ
インサイドイ
インサイドアウ

クラブを振り子の
に動かすと、体を中
に円を描くような軌
になるので、自分で
道をコントロールし
とも自然に方向性が
くなる

G

り幅を腕だけで
きくしようとすると
が曲がり
り子ではなくなる

回転させずに、腕だけでクラブ
きく振ろうとすると、腕が曲が
り子の動きではなくなるため、
定なスイングになってしまう

振り子と体の回転はセット

腕の長さを変えず（腕を曲げず）に、振り子の大きさ（振り幅）を大きくしようとすると、必ず体の回転が必要になる

FUNDAMENTAL 2

ゴルフスイングの土台

体の「回転」を加えることで振り子が大きくなる

正しい回転は背骨を中心とした体の「入れ替え」だ

背骨を中心として、体を左右に入れ替えることで、振り子の大きさを最大化できる。また、振り子の支点である、首の付け根の位置もキープできる

NG

**軸がないと
支点がズレて
振り子ではなくなる**

軸を意識せずに体を入れ替えようとすると、首の付け根の位置がズレるので最下点が定まらず、再現性のないスイングになってしまう

振り子の動きを保ちつつ スイングを大きくする

　スイング中、腕が曲がると振り子の動きではなくなってしまいます。ですから、振り幅を大きくしていく時も、なるべく両腕が伸びた状態を長く保つことが大切です。両腕を伸ばしたまま振り幅を大きくしていくと、体を回さなければいけないことが分かると思います。回転せずに振り幅を大きくしようとすると、腕が曲がってしまいます。

　また、背骨を軸に回転することで、振り子の支点である首の付け根の位置を保つことができます。背骨は体の後ろに付いていますから、背骨を軸に回転すると、体を入れ替える形になります。体を大きく左右に動かすような感覚でいいのです。すると振り子の半径（スイングアーク）がより大きくなり、効率的なスイングができるのです。

ゴルフスイングの土台

「足の動き」で自然な連動が生まれる

歩くような下半身の動きで腕が振られる

足踏みすると自然に腕が振られる。ここに体の回転を合わせると、左右に腕が動き、自然な連動の中でスイングすることができる

足は止めずに積極的に動かそう

スイングは下半身→上半身→腕→クラブと動くのが正しい順番です。下半身の動きによって腕が振られるということです。これは、歩く時と同じような自然な動きなので、体に無理のないスムーズなスイングになります。また、足踏みをすると腰が回ります。腰が回ると上半身も大きく回せるので、十分な回転量を得ることができます。一般的なアマチュアの柔軟性では、ベタ足の状態で体を回しきることは難しいのです。

多くのアマチュアは、足を動かせていません。「当てたい」という気持ちが強く、止まってしまうのです。私が指導すると、「こんなにヒザを曲げてもいいの？」などと驚く人もいますが、足はたくさん動かした方がいいです。

足が動くことで体も大きく回せる

足を動かすことで、腰が回しやすくなり、上半身も大きく回せる。足をたくさん使えば、大きな回転が得られるので、効率的なスイングになる

NG

足の動きがないと体を回すことが難しい

足を止めたままだと、回転不足で腕の力に頼ったスイングになりやすい。すると振り子の動きではなくなり、飛距離も再現性も損なう

1
振り子

「振り子」によって再現性を実現する

クラブヘッドの重さで振られる、振り子の動きでスイングすれば、同じ軌道で同じ場所に降りるので再現性が高くなる

3つの土台の関係性について

それぞれが繋がることで効率的なスイングになる

筋力に頼らずとも飛ばせるスイングへ

「3つの土台」は連動した動きであり、どれか一つでも欠けてしまってはいけません。振り子を主体として、体の回転によってその振り幅を大きくして、下半身を動かすことで速くスムーズなスイングができます。ここで気づいて頂きたいのが、手や腕の力はあまり使っていないということです。上げる時も下ろす時も、振り子の動きでクラブを動かして、大きく速く振りたい時は回転や下半身の力を加えるのです。

　私は腕立て伏せを10回するのがやっとで、腕力はありませんが、ドライバーは300ヤード近く飛ばすことができます。「3つの土台」が正しく動き、それぞれが連動していれば、非力でも十分に飛ばせるのです。

2 回転

「回転」によって遠くにボールを飛ばせる

体を回転させれば、振り子が大きくなる。ここに手首の振り子も加わり、さらにクラブの運動量が増える

3 足の動き

「足の動き」が回転と振り子に勢いと連動性を与える

足を動かすことで体を大きく回すことができる。また、歩く時のような体に無理のないスムーズなスイングができる

最速でレベルアップするために

自分に足りない部分を重点的に練習しよう

こんなスイングになっていませんか？

右足に体重が残る
→ 足が使えていない

手だけでクラブを振る
→ 回転ができていない

手が力んでいる
→ 振り子になっていない

アマチュアに多く見られるスイングの間違いは、「3つの土台」の中のどれかが不足していることで起こる。その弱点を克服することが、上達への近道となる

新しい感覚を知ることがレベルアップへの近道

ほとんどのアマチュアゴルファーは「3つの土台」の中のどれかができていません。その原因は、「当てたい」という気持ちが強く、回転や足の動きが止まってしまったり、「飛ばしたい」と思って腕に力が入って振り子の動きにならないからです。正しいスイングができると、自分でクラブに力を加えたり、操作しようとしなくても、真っ直ぐ遠くに飛ばすことができます。

自分に足りない部分を練習して、正しい動きができるようになると、だんだん「勝手に当たる」、「力まなくても飛ぶ」といった新しい感覚を得られます。この感覚こそが上達するために最も大切であり、そのためには「3つの土台」を徹底的に身に付ける必要があるのです。

結論

「3つの土台」でゴルフが変わる

手や腕の力でクラブをコントロールしていないのに
勝手に当たって
いつもより飛んでいる
そんな感覚で打てるので
ゴルフが簡単になる！

てらゆーの
ゴルフスイング大全
CONTENTS

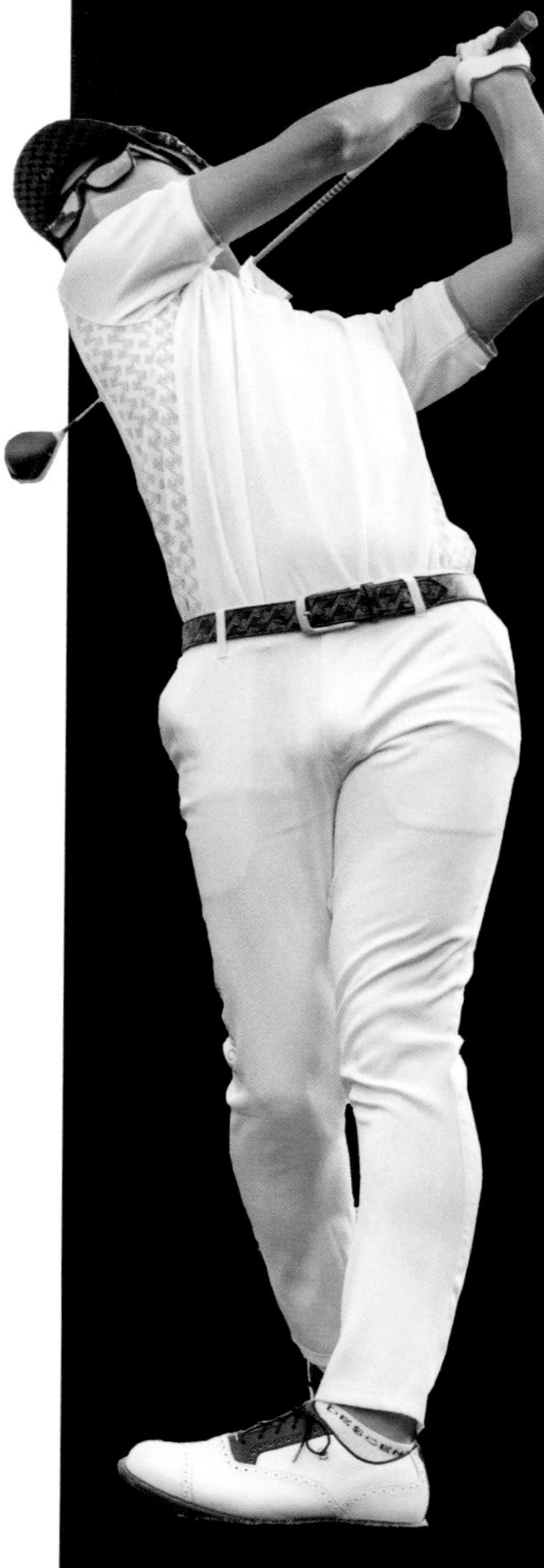

はじめに …… 2

土台 **3つの土台を理解すれば上達が格段に早くなる** …… 6

▼ゴルフスイングの土台「振り子」
ゴルフスイングは「振り子」が主体だ …… 8

▼ゴルフスイングの土台「回転」
体の「回転」を加えることで振り子が大きくなる …… 10

▼ゴルフスイングの土台「足の動き」
「足の動き」で自然な連動が生まれる …… 12

▼3つの土台の関係性について
それぞれが繋がることで効率的なスイングになる …… 14

▼最速でレベルアップするために
自分に足りない部分を重点的に練習しよう …… 16

第一章 **振り子の動きをスイングに取り入れよう** …… 23

▼振り子の再現性
振り子のイメージを持てば再現性の高いスイングになる …… 24

▼支点の維持
首の付け根の位置を保てば安定したスイングができる …… 26

▼振り子の使い分け
飛ばしたい距離に応じた2通りの打ち方がある …… 28

▼手首の役割
手首支点の振り子によってクラブヘッドを加速させる …… 30

▼手首の力感
クラブを回せる力感で柔らかく手首を使う …… 32

▼コックの作り方
正しいコックの使い方を手元で確認しよう …… 34

▼フェースターンの仕組み
フェース管理は手首と回転によって行う …… 36

▼リズムキープ
振り子のリズムに合わせれば再現性の高いスイングになる …… 38

▼腕にかかる力
振り子は引っ張り合ってバランスが保たれている …… 40

第二章 正しく体を回転させるために必要なこと 45

▼回転の軸
回転とは背骨を軸にして「体を入れ替える」こと …… 46

▼体を回すコツ
背中の面を意識すればスムーズに回転できる …… 48

▼捻転差
ただ体を回すだけでなく捻転差を作ることが必要 …… 50

▼軌道の変化
捻転差によって自然と適正なスイング軌道になる …… 52

▼捻転差を作るポイント
脇腹の張りを感じながらスイングしよう …… 54

▼回転不足の防止法
右肩を首の後ろまで回せば回転不足になりにくい …… 56

第三章 効率的な足の動きで力まずとも飛ぶスイングへ 61

▼足踏み
日常的な「歩く動き」をスイングに転換しよう …… 62

▼右足の動き
右足は内側に捻りながら地面を蹴っていく …… 64

▼左足の動き
左足は地面を真っ直ぐ踏み込みながら伸ばしていく …… 66

▼飛距離アップの秘訣
飛ばしたいなら地面を強く踏み込もう …… 68

▼下半身の沈み込み
ブランコのタイミングで沈み込めばクラブが走る …… 70

▼体重移動
足の動きによる体重移動を一連の流れで確認しよう …… 72

第四章 ポジション毎の動きや形を覚えよう 77

▼アドレス
構えた時点でそのショットが成功するか否かが決まる …… 78

▼グリップ①
グリップを見ればその人の腕前が分かる …… 80

▼グリップ②
グリップは「握る」ではなく「引っ掛ける」と考える …… 82

▼テークバック
テークバックでの緩みはスイングにとっての致命傷 …… 84

▼トップ
「ワキを締めろ」は嘘だった!? 大きなトップを目指す …… 86

▼切り返し
「急がない」「振り下ろさない」「力まない」の三原則 …… 88

▼ダウンスイング・インパクト
自分では制御不能の一瞬の動き クラブに仕事をさせる …… 90

▼フォロースルー
腕が伸びていくような引っ張り合う力を感じろ …… 92

▼フィニッシュ
フィニッシュの形はスイングの答え合わせだ …… 94

▼連続写真
シンプルで美しいスイングへ 連続写真でイメージを作ろう …… 96

▼連続写真
後方から動画を撮影してお手本スイングと比較しよう …… 98

第五章 クラブによる打ち方の違いを知ろう 101

▼ドライバー①
「地面と空中」、球の場所に合わせて構えを変える …… 102

▼ドライバー②
緊張する場面ほど怖がらずに大きく振れ …… 104

▼ドライバー③
14本のクラブの中で最も握る強さを弱くする …… 106

▼フェアウェイウッド
ダフりのミスさえ消せれば苦手意識を克服できる …… 108

▼ミドルアイアン
5番アイアンのクオリティがスイングの完成度を左右する …… 110

▼ショートアイアン
手首の動きを減らしコントロールショットに徹する …… 112

▼ウェッジ①
100ヤード以内は振り幅をコントロールして打ち分ける …… 114

▼ウェッジ②
グリーン周りのアプローチは小さく振れる構えを作る……116

▼ウェッジ③
クラブ選択によって転がすか止めるかを打ち分ける……118

▼バンカー①
「手首だけ」使う意識でバンカーは超簡単になる……120

▼バンカー②
ボールではなく砂を飛ばす量を意識する……122

▼パター①
正確なパッティングのための構え方の基本……124

▼パター②
「包丁を握る強さ」がちょうど良い力感だ……126

▼パター③
「距離感」「方向性」「転がり」を良くするパターの打ち方……128

第六章 絶対にやるべき目的別反復ドリル……131

▼振り子習得ドリル
2ヤードアプローチ……132
親指外し打ち……134
ショートスイング……136
右片手打ち……138
左片手打ち……140
クラブ回し①……142
クラブ回し②……144
スプリットハンド……146
連続素振り……148

▼回転習得ドリル
ショルダーターン……150
ストレッチボディターン……152
両足揃え打ち……154
お腹回し……156
ハーフスイング……158
振り出しバックスイング……160

▼足の動き習得ドリル
足踏みスイング……162
一歩前フォロー……164
片足打ち……166
スクワット打ち……168
ウエストターン……170
ジャンプチェック……172

STAFF

装丁	小口翔平＋奈良岡菜摘（tobufune）
本文デザイン	三國創市
編集・執筆協力	大竹宏基
撮影	鳥居健次郎
イラスト	岡本倫幸
校正	鷗来堂
撮影協力	富里ゴルフ倶楽部 TERA-YOU-GOLF-STUDIO
編集	大澤政紀（KADOKAWA）

COLUMN

スイングを教える時は親しい人ほど丁寧に …… 44
ゴルフは一度に色々なことをやろうとするな、練習するな …… 60
緊張をほぐすことはできない慣れるしかない …… 76
フォームから離れて感覚を養うことも大切だ …… 100
前日練習はウォーミングアップだと思って気楽にやろう …… 130

知らないとキケンな
スイングのホント

「ハンドファースト」という言葉に騙されるな …… 42
「ボールをよく見ろ」は体の回転の妨げになる …… 58
ベタ足スイングは回転不足になりやすい …… 74
動きの意味を理解しないで練習するのはキケン …… 174

第一章

振り子の動きを スイングに取り入れよう

高い確率でボールを芯でとらえ、真っ直ぐ飛ばせるようになってから、
そのスピードを上げていくのが上達の正しいステップです。
毎回同じ場所にクラブを下ろすためには、「振り子」の動きが必要です。
まずはスイングにおいて最も大切な再現性を手に入れましょう。

THE COMPLETE GOLF SWING GUIDE

振り子のイメージを持てば再現性の高いスイングになる

ゴルフスイングは
振り子に合わせて
体を動かしていきます

POINT

まずは1本の振り子をイメージしよう

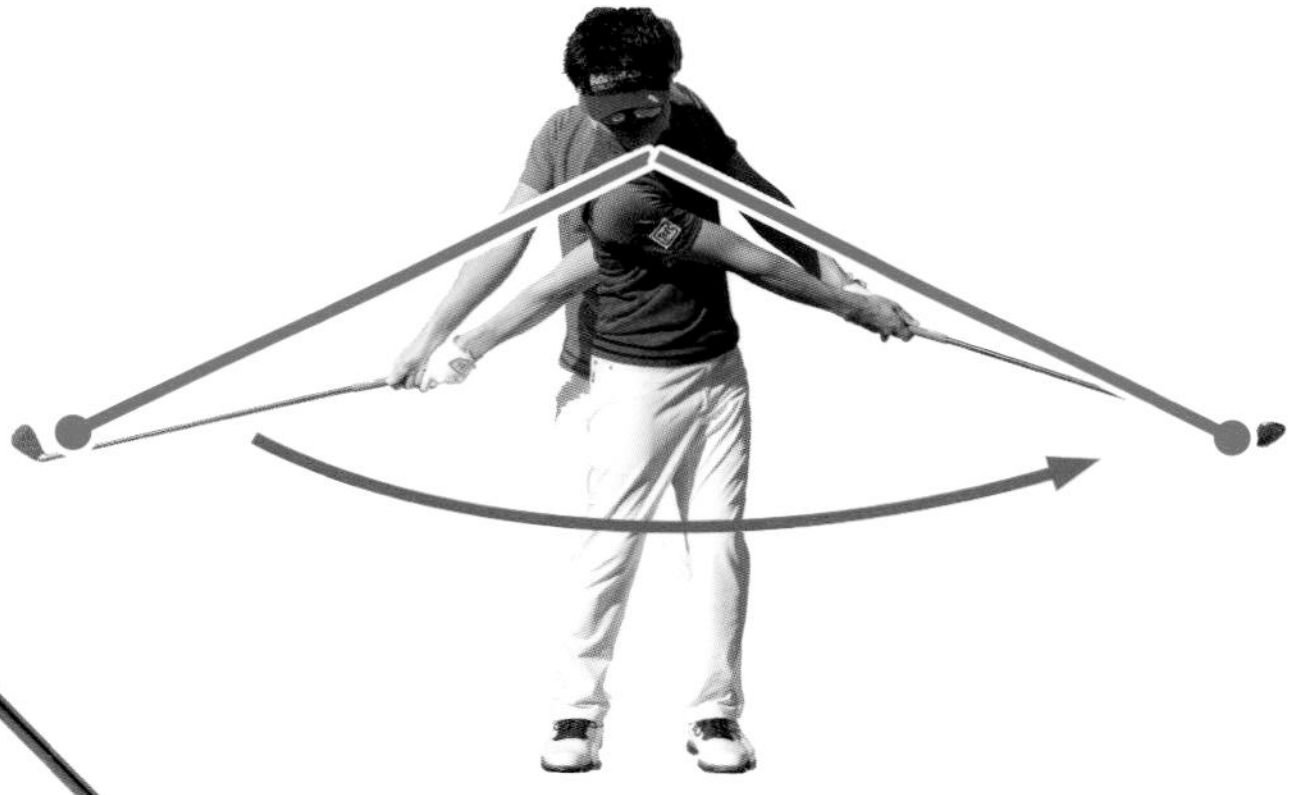

ゴルフクラブは先端のヘッドが重いため、支点を作ってブラブラと揺らせば振り子のように同じ軌道を描き、同じ場所に下りてくる。これをスイングに活かせば、スコアメイクに一番大切な再現性を高めることができる

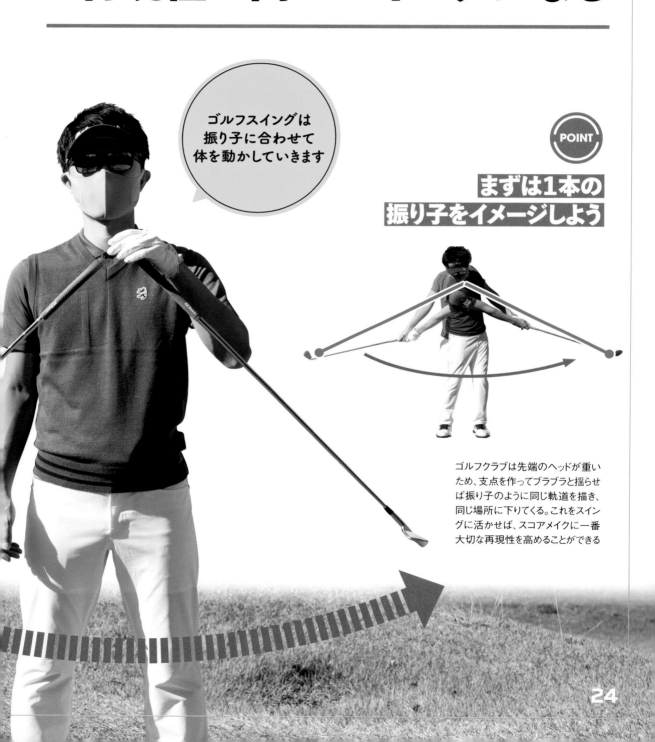

振り子をイメージするところから始めよう

常にクラブヘッドの芯でボールを捉え、同じ方向に同じ距離を飛ばすことができれば、スコアは当然良くなります。そのために必要なのが振り子の動きなのです。まずは1本の振り子をイメージしながらスイングしてください。腕からクラブまでを1本の棒状にして、首の付け根を支点に動かします。これがスイングの基本であり、ゴルフで最も大切な再現性を高めるコツなのです。

次に、手首だけ脱力し、自由に動くようにします。先ほどと同じように振ってみると、手首が折れてクラブヘッドの運動量が大きくなります。これが、「2重振り子」の状態です。再現性に加えて、クラブヘッドを加速させることができるので、効率的なスイングになります。

POINT 振り子を2本にすると クラブヘッドを大きく速く動かせる

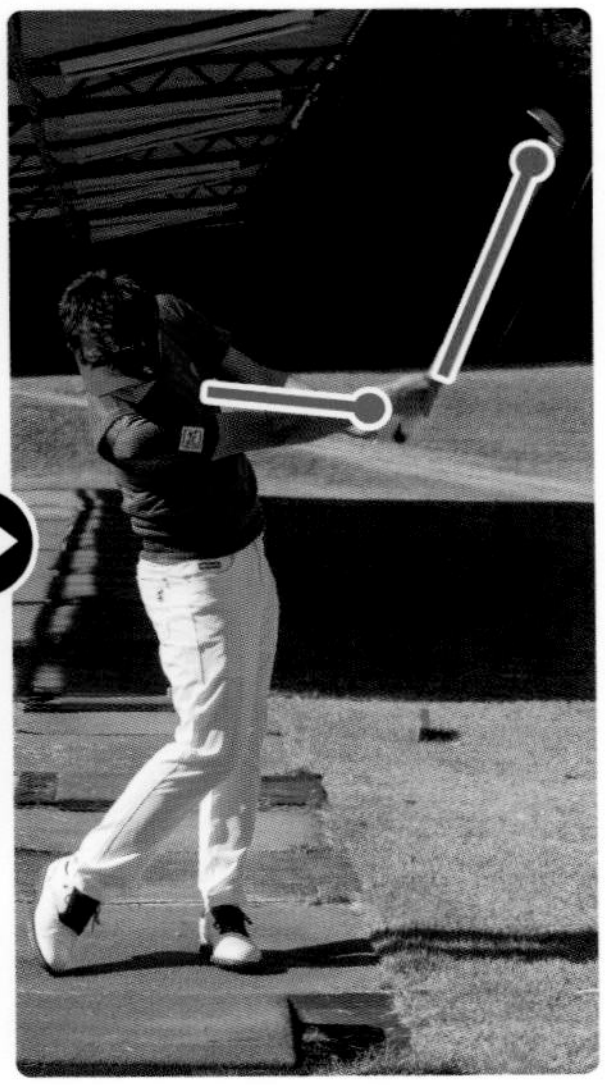

1本の振り子のままでは、フルスイングにはならない。手首を支点とした振り子を加えることで、クラブヘッドの運動量が増えて、効率的に飛ばすことができる。2つの振り子を正しく使うことが上達のカギとなる

首の付け根の位置を保てば安定したスイングができる

POINT

腕の振り子は首の付け根が支点となる

振り子の支点は首の付け根をイメージする。頭や顔を支点として考えると、体が固まりやすくなる。結果、体と腕が同調せずヒジが曲がったりして、振り子の動きにならないケースが多い

首の付け根を支点に、
腕を曲げずに振れば
再現性を高められます

NG

支点が動くと最下点もズレる

支点の位置がズレると最下点も定まらないので、ダフりやトップなど様々なミスの原因になってしまう。体を回転させつつも首の付け根の位置を変えないことがポイントとなる

3つの条件を守れば正しい振り子の動きになる

スイングに振り子の動きを取り入れるためには、①首の付け根の支点の位置をキープすること、②腕を緩めずヒジが曲がらないこと、③肩や腕の力を抜いてクラブヘッドの重さで腕が振られることが必要です。この3つの条件を守ってクラブをブラブラと振ってみると、必ず体の回転が伴うことが分かるはずです。腕だけで振ろうとすると、余計な力が入ったり、ヒジが曲がってしまったりするのです。

普段腕の力でクラブを操作していたり、左右に体を移動させながら打っている人にとっては、真逆の動きになります。脱力し、スイングの支点のブレがないので、「物足りない」と感じるかもしれませんが、その感覚が正解です。再現性も効率も良いスイングへの第一歩なのです。

POINT

腕は「振る」のではなく「振られる」感覚が大切

クラブを持たずに肩や腕の力を抜いて、手の重さで腕が振られる感覚を確かめてみよう。腕が同じところに上がり、同じところに下りるのでスイング軌道が安定する

NG

クラブ軌道は腕で操作しようとしてはいけない

スイング中、腕は常に同じ場所を通るのが正解。腕の力で軌道をコントロールしようとすると振り子の動きではなくなり、その一打で良い球が打てても次に繋げるのが難しくなる

飛ばしたい距離に応じた2通りの打ち方がある

POINT アプローチは1本の振り子で打つ

アプローチは構えた時の手首・腕の形を保ったまま、腕からクラブまでを棒状にした1本の振り子で打つ。手や腕の力ではなく、クラブヘッドの重さで振られる感覚を持つことが大切だ

当てにいくのではなく、
「勝手に当たる」
感覚が大切です

短い距離は1本の振り子 飛ばすなら2本の振り子

　アプローチなど、飛ばす必要のない場合は、1本の振り子だけで打っていきます。まずは小さい振り幅で、ブラブラと連続で動かしてください。振り子ですから振り幅は左右対称でリズムも一定になります。このままボールを打てば毎回同じように当たるはずです。これで上手くボールに当たらないという人は、振り子の動きになっていないということです。手や腕の力でクラブを振るのではなく、クラブの重さによって振られる感覚を身に付けてください。

　左腕が地面と平行になる位置（振り幅）までは1本の振り子のみを使いますが、それより大きくなる場合は、手首支点の振り子を加えていきます。クラブの運動量が一気に増えるので効率的にボールを飛ばせます。

POINT

腕と地面が平行の位置から手首を使う

左腕が地面と平行になる振り幅までは1本の振り子のみ、それより大きくなる場合は手首支点の振り子を加える。手首の動きによってクラブの運動量が大きくなり、効率的に飛ばせる

手首支点の振り子によってクラブヘッドを加速させる

POINT

手首を支点にクラブが動くことでヘッドが走る

1本の振り子の場合、腕の運動量とクラブヘッドの運動量は同じ。手首を使うことで腕の運動量に対してクラブヘッドの運動量が大きくなり、ヘッドが手元をしっかりと追い越す

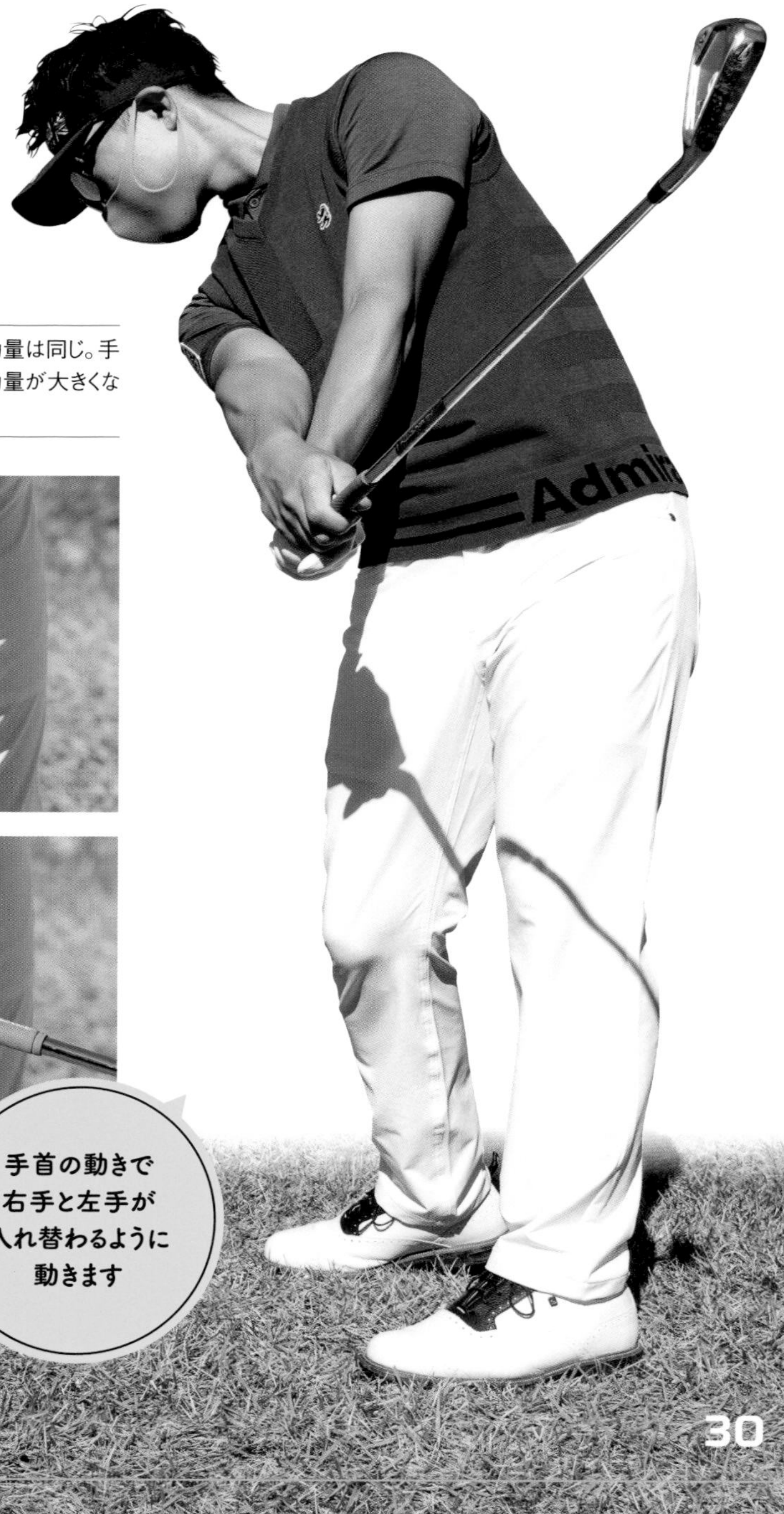

手首の動きで
右手と左手が
入れ替わるように
動きます

手首を使うと当たらないということはない

いくら力んでもクラブヘッドが速く動かなければボールは飛びません。振り子の大きさ、つまりクラブの運動量を大きくすることで、ヘッドスピードを最大化することができます。そのためには、手首をたくさん動かす・使うことが必要です。

「手首を使うと再現性がなくなる」と考えている人が多いようですがそれは思い込みです。トンカチを使う時は無意識に手首を動かしていますが、それでも小さい釘を真っ直ぐに叩くことができています。アプローチやパターの時に手首を使わないのは、飛び過ぎてしまうからであって、当たらないからではありません。むしろ、手首を使わないというのは人間の体にとって不自然な動きなので、かえって再現性を損なってしまうのです。

NG 手首の振り子がないと強く叩けない

強く打とうとしてもヘッドが走らない

手首が固まったままでは、釘を強く叩くことはできない。スイングにおいても、手首の動きがないとクラブヘッドの運動量が大きくならないので、ヘッドスピードを上げきれない

OK トンカチで叩くイメージで手首を使う

ヘッドが手元を追い越して「ビュン」と加速する

トンカチで釘を叩く時は無意識に手首を使い、効率良く釘に力を伝えている。スイングに置き換えると、インパクト付近で手元が減速し、クラブヘッドが手元を追い越す動きになる

クラブを回せる力感で柔らかく手首を使う

NG 手首が固まっていると2重振り子にならない

手や腕に力が入っていると、手首が固まりやすくなり、クラブヘッドが走らなくなってしまう。自分の力で手首を折り曲げようとせず、脱力した方が手首がスムーズに動きやすくなる

手首が固まっていると
ヘッドが走らず
飛距離をロスします

手首が自由に動く力感でクラブを握る

「手首を使う」といっても、自分の力で手首を折り曲げようとするのは間違いです。手や腕にも力が入り、逆に手首が動きにくくなってしまう場合があるからです。グリップを強く握り過ぎず、手首が自由に動く状態にしておいて、クラブの動きとヘッドの重さによって手首が折られるというのが正しいのです。クラブに任せて振れれば、振り子の動きになるので、クラブヘッドが手元を追い越すタイミングも安定し、再現性の高いスイングになります。

　自分の力で手首を折るタイミングをコントロールしようとすると、手首を早い段階で解いてしまうアーリーリリースというエラーになりやすく、ダフリや飛距離ロスなどミスの原因になってしまうのです。

POINT 右手一本でクラブをグルグル回してみよう

スムーズに
回せる力感で
クラブを
握りましょう

クラブを右手一本で持ち、グルグルと速く回す。ポイントは手首を柔らかく、遠心力を感じながら回すこと。強く握りすぎると手首が固まってしまい、スムーズにクラブを回せない

正しいコックの使い方を手元で確認しよう

POINT バックスイング側は左腕と左手の甲が真っ直ぐで右手首が折れる

バックスイング側
バックスイング側とフォロー側で左右対称の形になります

バックスイングでは左手首を曲げずに、右手首のみ甲側に折れるのが正しいコックの形。手首はフェース面とリンクしていて、左手首が甲側に折れるとフェースが大きく開いてしまう

コックの形を間違えると スライスしやすくなる

コックは、腕が地面と平行になる辺りから、バックスイングの勢いによって自然に作られる手首の角度のことです。そのコックがインパクトで解放されることで効率良くボールに力を伝えることができるのです。

ただし、コックの形には注意が必要です。手首とフェース面はリンクしていて、バックスイング側で左手首が甲側に折れるとフェースが開きすぎてしまい、スライスの原因になります。手や腕が力んだ場合にこの形になりやすく、バックスイングでも手首を柔らかく使い、体の回転によってクラブを上げていけば、左手首が甲側に折れることはありません。

練習として、手元でコックの形を作りそのまま上げていくと、正しいトップを体感できます。

POINT フォロー側はバックスイング側と対称に 右腕と右手の甲が真っ直ぐで左手首が折れる

ダウンスイングでは、徐々に右手首の角度が解放されていく。クラブヘッドが手元を追い越した後のフォローでは両手の関係も入れ替わり、右手首は曲がらず左手首が甲側に折れた形になる

フェース管理は手首と回転によって行う

POINT 体の回転と共に緩やかにフェースがターンする

振り子の動きができていれば、首の付け根を支点にクラブが動くので、フェース面は緩やかに開閉して方向性が安定する。腕を捻らす、体の回転と共にフェースターンしよう

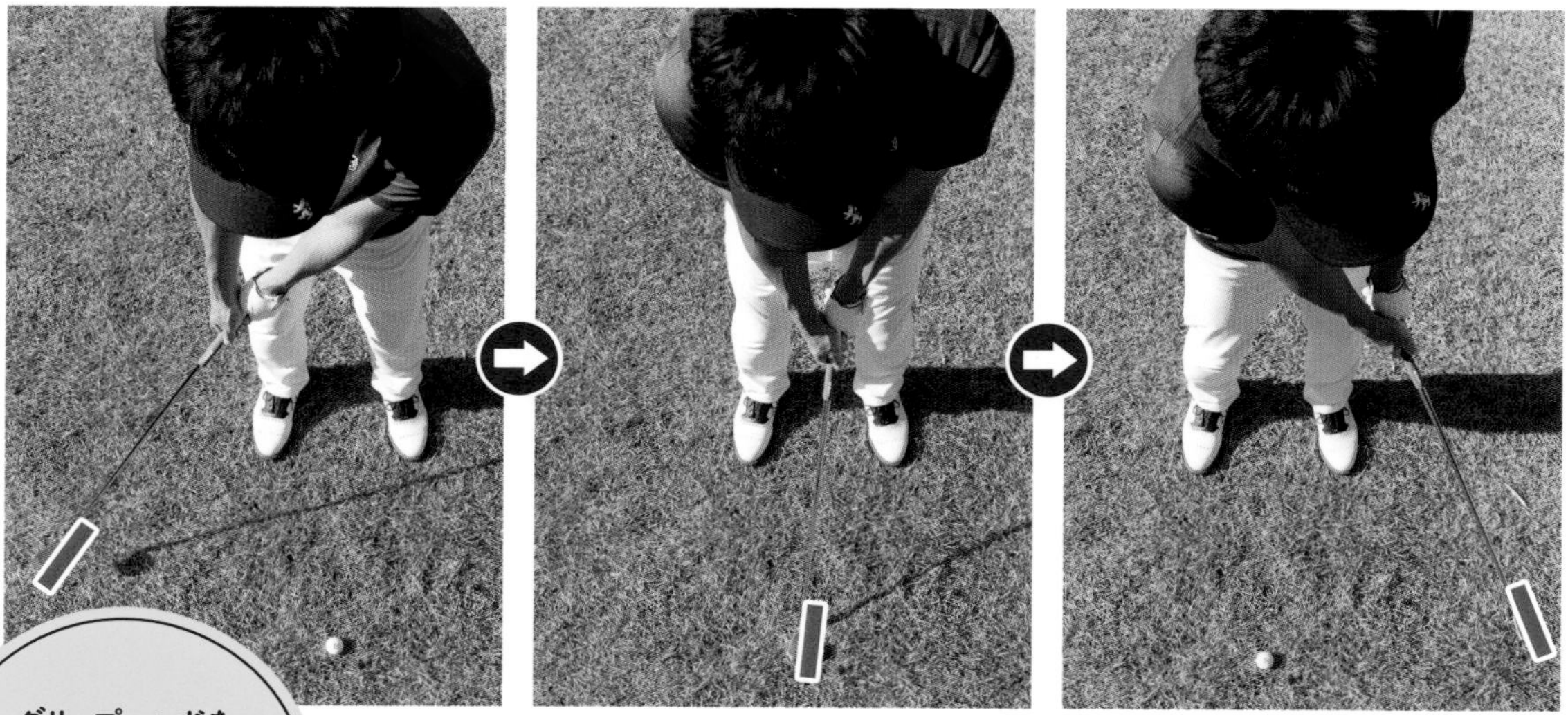

グリップエンドを
ヘソに付けて動かすと、
正しい開閉の
度合いが分かります

緩やかに開閉をするのが方向性を高めるポイント

振り子の動きができていると、クラブヘッドが体を中心にインサイドインの軌道を描きながら、フェースが緩やかに開閉します。これが回転によるフェースターンです。バックスイングで腕を外側に捻ってしまうとフェースが大きく開き、インパクトに合わせてまた腕を逆方向に捻らないといけません。これだと、フェースが急激に開閉するので、方向性も安定しないのです。

また、手首の振り子によってもフェースの開閉が行われています。P34・35で説明した通り、正しいコックの形を作れば開閉が緩やかになり、手首をたくさん使っても方向性は悪くなりません。

フェース管理は手首と回転だけで行い、腕を捻る動きをしてはいけないのです。

NG 腕を捻ってフェースを返すと方向性が安定しない

バックスイングで大きく開いたフェースを、インパクトで思いきり返す打ち方だと、フェース面がスクエアになる時間がごく僅かになってしまうので、方向性が安定しない

NG 「フェースの向きを変えない」という打ち方は不自然

閉じたまま上げて閉じたまま下ろすという打ち方は、人間の体にとって不自然な動きになってしまうため難しい。多少のフェースの開閉は必要だ

振り子のリズムに合わせれば再現性の高いスイングになる

POINT
アドレスで1、トップで2、インパクトで3と数える

振り子は一定のリズムで振られるので、スイングでもリズムキープが非常に大切。アドレスで「イチ」、トップで「ニ」、インパクトで「サン」と数えながら練習してみよう

テンポの目安　アイアン➡63bpm

いつも同じリズムで振れるようになろう

振り子をイメージしてみてください。重りが下から上に上がっていく時は徐々に減速し、最高点では速さが0になります。折り返して、上から下に下りてくる時は徐々に加速して最下点ではスピードが最も速くなります。このような一定のリズムで揺れているのです。しかし、スイングとなるとバックスイングや切り返しで一気にクラブを加速させようとしてしまう人が多いのです。

　スイングのテンポは長いクラブほどゆっくり、短いクラブは早くなります。全体的なスピード感には個人差があるので、自分に適したリズムを確認するために、メトロノームを使った練習がオススメです。一例として私のクラブ毎のテンポを載せるので、参考にしてください。

POINT 長いクラブはゆっくり、短いクラブは速いテンポ

長いクラブはゆっくりなテンポを意識し、短いクラブは速めのテンポで振ると良い。メトロノームを使って練習すれば、基準となるテンポを決めておくことができる

テンポの目安　ドライバー➡55bpm

メトロノームのアプリを使えば効率的に練習ができます

テンポの目安　ウェッジ➡70bpm

振り子は引っ張り合って バランスが保たれている

POINT 引っ張り合うことで 再現性が高くなる

振り子を人間の体に置き換えると、腕がヒモで、クラブを持つ手が重り、首の付け根が支点となる。スイング中、常に引っ張り合う力を意識することで、安定した軌道を実現できる

アドレスから
フォローまで、
腕を伸ばし続ける
意識が必要です

伸ばされる感覚があれば腕が緩まない

バックスイングでは左腕が伸ばされ、右ヒジがたたまれて、フォローでは右腕が伸ばされ、左ヒジがたたまれるのがゴルフスイングです。しかし、意識的に腕を曲げることはなく、むしろ常に両腕を伸ばしたままのイメージが良いです。というのも、振り子のヒモと同じように、腕が早く曲がると緩んでしまい、軌道が安定しないのです。

勢いよく振り抜かれたフォローは自然に両腕が伸びますが、自分でクラブを上げるバックスイングは、右ヒジをすぐに曲げやすくなるので、特に意図的に両腕をグッと伸ばしながら上げる必要があります。そうすることで、右ヒジがたたまれるタイミングが遅くなり、バックスイングとフォローで左右対称なスイングになっていくのです。

NG 腕が緩んだり、頭の位置が動き過ぎたりすると不安定なスイングになってしまう

腕が緩んでいる状態でアドレスしたり、腕が伸びずに早い段階で曲がると不安定なスイングになる。また、支点の位置がズレても腕が緩むので、支点の位置を保つことも大切

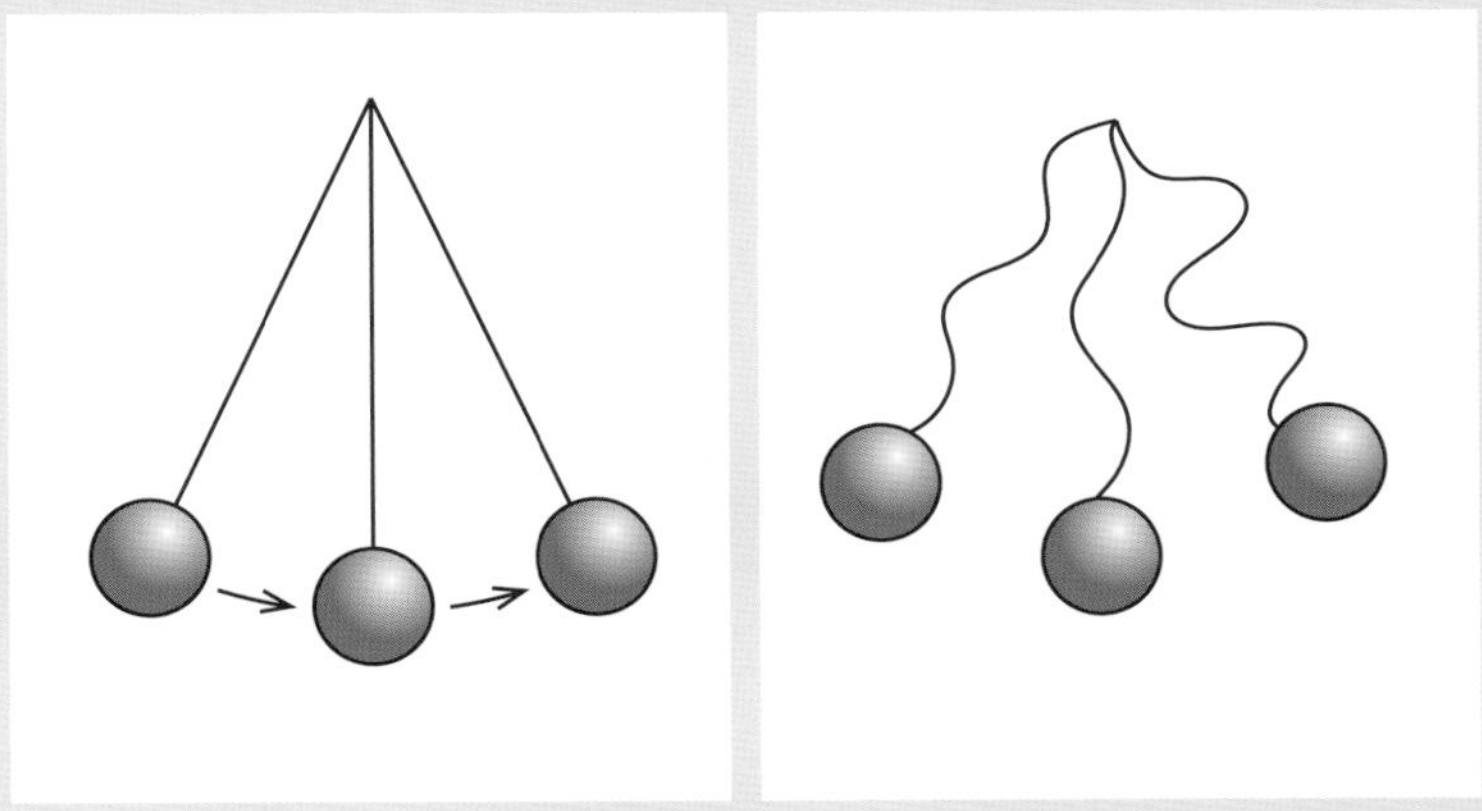

綺麗な振り子を作るためには引っ張り合いが必要

振り子のヒモには、支点と重りによる引っ張り合う力が常に働いていて、これによってきれいな円軌道を描いている。引っ張り合う力がないとヒモが緩んで軌道が乱れてしまう

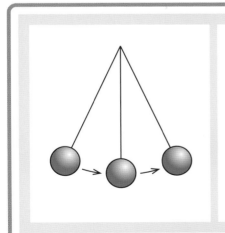

知らないとキケンな

スイングのホント

「ハンドファースト」という言葉に騙されるな

「手を前に出そう」とする意識は必要ありません

ハンドファーストを意識しない方が良い理由

「ハンドファースト」は非常によく聞くゴルフ用語ですが、この形をイメージするのは危険です。振り子のように、インパクトではシャフトと地面が垂直になるイメージを持つことで、最下点の位置が安定します。ハンドファーストで当てる意識だと、最下点がイメージしにくく、ズレやすくなるのです。

振り子を意識した場合でも、体の回転が加わることで結果的には手元がボールに対して先行した形で当たりますが、気にする必要のないポイントなのです。

また、コックが早く解かれてしまうフリップは、手首で力任せにスピードを上げようとすることが原因です。振り子の動きでは、手首を柔らかく使うので、フリップにもなりません。

POINT

あくまでスイングは振り子なのでインパクトのイメージはクラブと地面が垂直でOK

ハンドファーストを意識すると、手に力が入って手首が固まるなど、様々なエラーの原因になってしまう。クラブヘッドが最下点の時、シャフトが地面と垂直になるイメージで良い

POINT

振り子の動きに体の回転が加わるので結果的に手元がボールより先行して当たる

切り返し以降、下半身が先行して回り、クラブが動くのは一番最後になる。そのため、自然にクラブに対して腕や手元が先行することで、ハンドファーストの形になる

COLUMN

スイングを教える時は親しい人ほど丁寧に

家族や友人など、親しい人にスイングを教える時ほど注意が必要です。私が教えているレッスン生から、「ゴルフが原因で喧嘩になった」といったエピソードを本当によく聞きます。特に夫婦やカップルに多く、せっかく一緒にゴルフをしているのに、「旦那とはもうゴルフに行かない」と思われてしまってはもったいないですよね。

誰しも教えられれば一生懸命やろうとはしますが、理解度や運動神経は人それぞれなので、すぐにできるとは限りません。そこで教えている人がヒートアップして、理屈っぽくなったり、言葉が荒っぽくなってしまい、最後には「やっぱりいつも通りでいいよ」と投げ出してしまうと、教えられている人はイラッとしてしまいます。

もちろん、教えること自体は悪いことではありません。大切なのは、ポジティブな声掛けです。「さっきより少しだけ飛んでいるね」、「4回に1回だったのが、3回に1回当たるようになったね」など、とても小さい成長を見つけて褒めてあげてください。そうすれば、素敵なゴルフライフを送ることができると思います。

第二章
正しく体を回転させるために必要なこと

再現性を保ったまま飛距離を伸ばしていくためには、体の回転が必要です。
体を回さずに腕だけを振ると、腕が緩み振り子の動きではなくなってしまうのです。
ですから、体をなるべく大きく回すことがポイントになります。
正しい体の回し方や、そこに必要な意識を理解しましょう。

THE COMPLETE GOLF SWING GUIDE

回転とは背骨を軸にして「体を入れ替える」こと

「その場で回る」動きでは支点の位置を保てない

体を回転させることで、振り子の大きさを最大化することができ、効率の良いスイングになります。振り子の支点である首の付け根の位置をキープするためには、背骨を軸に回転する必要があります。勘違いしやすいのが、「その場で回る」という動きとは違うということです。

体の位置を変えずに回ろうとすると、背骨の位置が動いてしまい、逆に支点を保てなくなるのです。背骨は体の後ろにありますから、背骨を軸に回転すると体を左右に移動させるような感覚になります。体を大きく動かして体重移動もしっかりと発生するので、左右にブレているように思うかもしれませんが、支点の位置は保たれるので、安定したスイングになります。

POINT 体は回転しながら左右に移動する

背骨は体の後ろ側にあるため、背骨を軸に回転すると体が左右に移動するような動きになる。これによってスイングアークが大きくなり、効率良くスピードを上げられる

背骨の軸
アドレス

体
バックスイング

体
フォロースルー

背中の面を意識すれば スムーズに回転できる

POINT 背中の面を180度入れ替えるように回る

十分な回転量を得るには、バックスイング側に90度、フォロー側にも90度上半身を回す必要がある。背中の面を180度入れ替える意識を持つことで、左右対称にバランス良く回転できる

根本的なスライス治療は体をしっかり回すこと

　スライスに悩むゴルファーのほとんどの原因は回転不足です。スライスを根本的に直すには、しっかりと体を回すことが一番の方法です。しっかりと体を回すためには、背中の面を意識することをオススメしています。バックスイングでは、背中を目標方向に向けるように意識してください。背中が目標と正対し、上半身が90度回った状態になれば十分に回転できています。

　また、バックスイング側には体を回せても、フォロー側に体を回せないという人もいます。キレイな振り子で打つには、左右対称にフォロー側にも体を回しながら打つ必要があります。トップから背中の面を180度入れ替えるように意識してください。そうすればフォロー側にもしっかり体を回せます。

POINT バックスイングでは背中を目標方向に向けるように意識する

バックスイングが回転不足だと、手の力で振ってしまったりスライスしたりと、様々なミスの原因になる。背中が目標方向に向くまで体を回すことで、回転不足を防止できる

ただ体を回すだけでなく捻転差を作ることが必要

POINT バックスイングで腰を45度、肩は90度回し、その捻転差をインパクトまでキープする

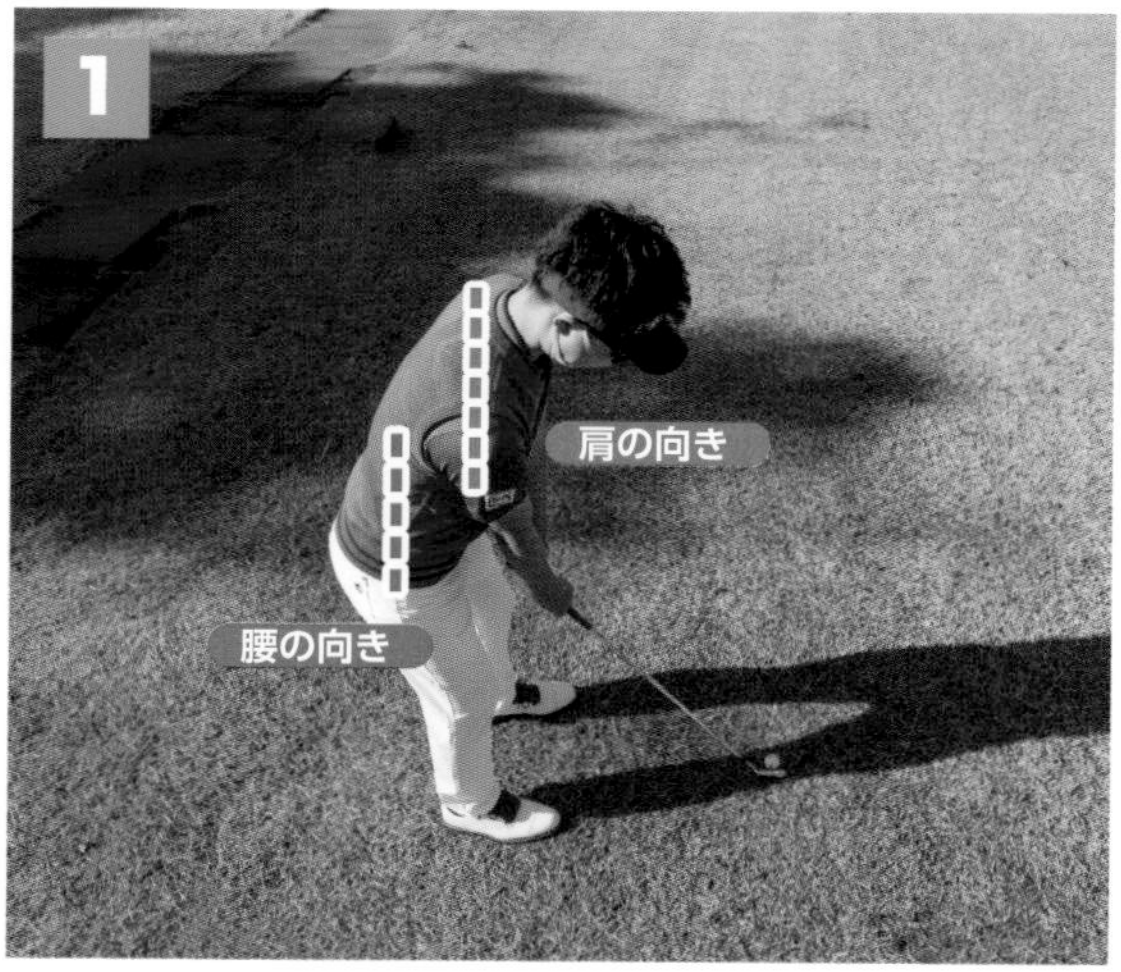

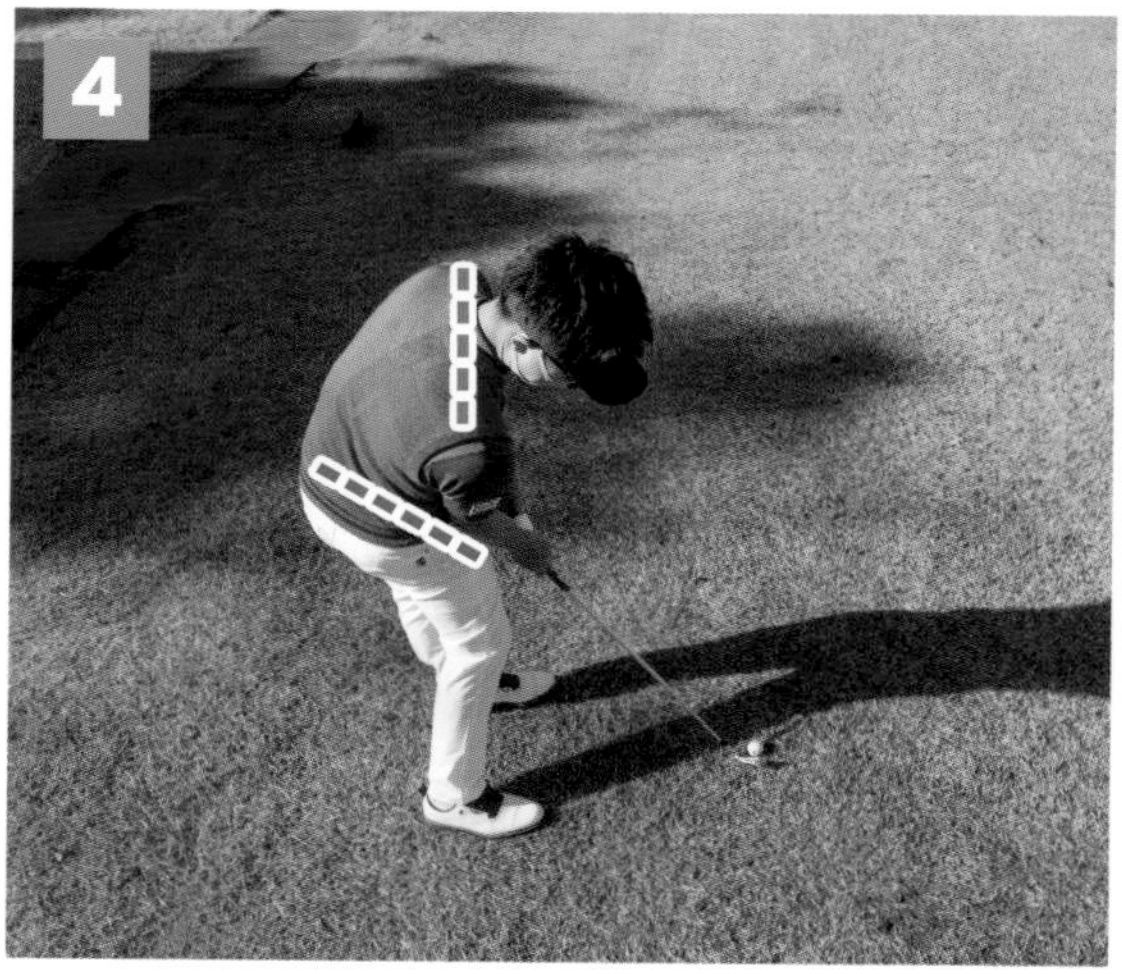

アドレスでは、肩と腰が同じ方向を向いている。バックスイングで腰が45度、肩が90度回った状態を作る。下半身を先行して回していき、インパクトまで捻転差が保たれる

体全体を使った 力強いスイングを目指そう

　ゴルフスイングには回転が必要ですが、いくら体を回しても、腰と肩が一緒に回ってしまってはスイングスピードは上がりません。上半身と下半身の回転量に差ができて、体を捻るように動かす「捻転差」ができれば、バックスイングで効率良くパワーが溜まり、体全体を使った力強いスイングになります。

　バックスイングで捻転差を作り、トップで腰が45度、肩が90度回った状態になるのが理想です。トップからは、下半身→上半身→腕の順番で目標方向へと回転していくので、インパクトでは体が強烈に捻られて、捻転差がさらに強くなります。手や腕の力でクラブを下ろしてこようとすると、この順番が逆になってしまい、せっかく作った捻転差が消えてしまうのです。

POINT 各ポジションで5秒ずつストップしながら捻転差を体感してみよう

アドレス

トップ

ダウンスイング

インパクト

フィニッシュ

バックスイングで作られた捻転差を、インパクトまでキープすることを意識して練習しよう。インパクト後は捻転差が解放されていき、フィニッシュでは腰と肩が同じ方向を向いた状態になる

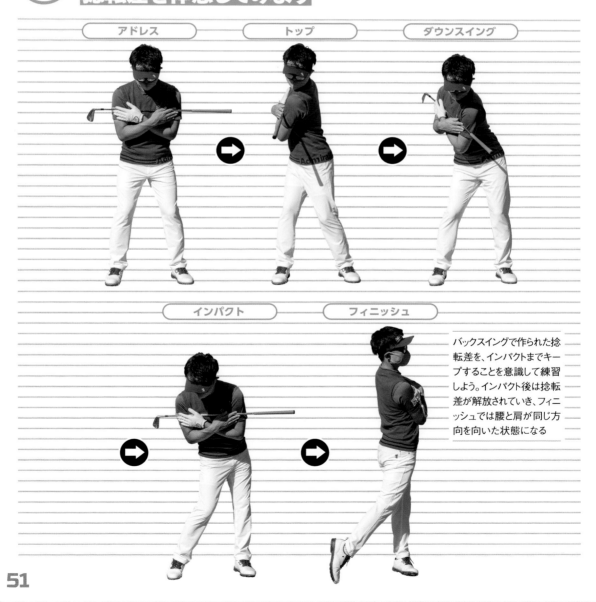

捻転差によって自然と適正なスイング軌道になる

POINT 捻転差によってクラブがインサイドに下りる

捻転差があれば、トップから体を回し続けても胸が開かないので、クラブがインサイドから下りてくる。インパクトでは、胸がボールを、腰が目標を向くような形になる

捻転差によって体を気持ち良く回しきれる

捻転差の役割は、効率良くボールに力を伝えるだけではありません。スイング中は回転を止めずに、気持ちよく体を回しきって打っていきますが、腰と肩が一緒に回ってしまうと、インパクトで胸が開き右肩が前に出るので、アウトサイドからクラブが下りてきてスライスが出やすくなります。そうなると、インパクトで体の回転を止めて打つしかなくなってしまいます。

ですから、バックスイングで捻転差を作り、それをインパクトまでキープしたまま回り続けることが大切なのです。インパクトで、胸がボールを腰が目標を向くような形になっていれば捻転差が保たれている証拠です。体を回し続けても胸が開かないので、インサイドから正しい軌道でクラブを下ろせるのです。

NG 捻転差がないとクラブがアウトサイドから下りやすい

捻転差が足りないと、胸が開いて右肩が前に出るのでアウトサイドからクラブが下りやすくなり、スライスの原因になる

捻転差を作るポイント

脇腹の張りを感じながらスイングしよう

NG 腰が回り過ぎてしまうと捻転差が生まれない

バックスイングでは、下半身を我慢することで捻転差が生まれる。下半身が我慢できずに腰が肩と一緒に45度以上回ってしまうと体が捻られず、捻転差を作ることができない

捻転差のあるスイングは体の感覚で覚える

バックスイングで捻転差を作る時、当然ですが腰と肩が一緒に回ってはいけません。上半身はしっかりと回しますが、下半身は我慢する必要があるのです。右ヒザが伸びきって腰が引けた形になってしまうと、腰が回りすぎてしまいます。右ヒザが伸びきらないように意識することで、ストッパーができて腰が45度回ったところで止まります。

捻転差ができると、右の脇腹や右足の太もも裏が伸ばされます。また、切り返しからインパクトにかけては、伸ばされていた右の脇腹が縮んでいき、左の脇腹や左足の太もも裏が伸ばされていきます。常に体が捻られて筋肉が伸ばされている感覚を覚えておくことで、捻転差のあるスイングになるのです。

POINT

右足の付け根にズボンのシワができるように下半身を我慢しながら上半身を回す

バックスイングでは右ヒザが伸び切らないように意識することで、腰が回りすぎるのを防げる。その時、右足の付け根に指を挟めるくらいのズボンのシワができていれば合格だ

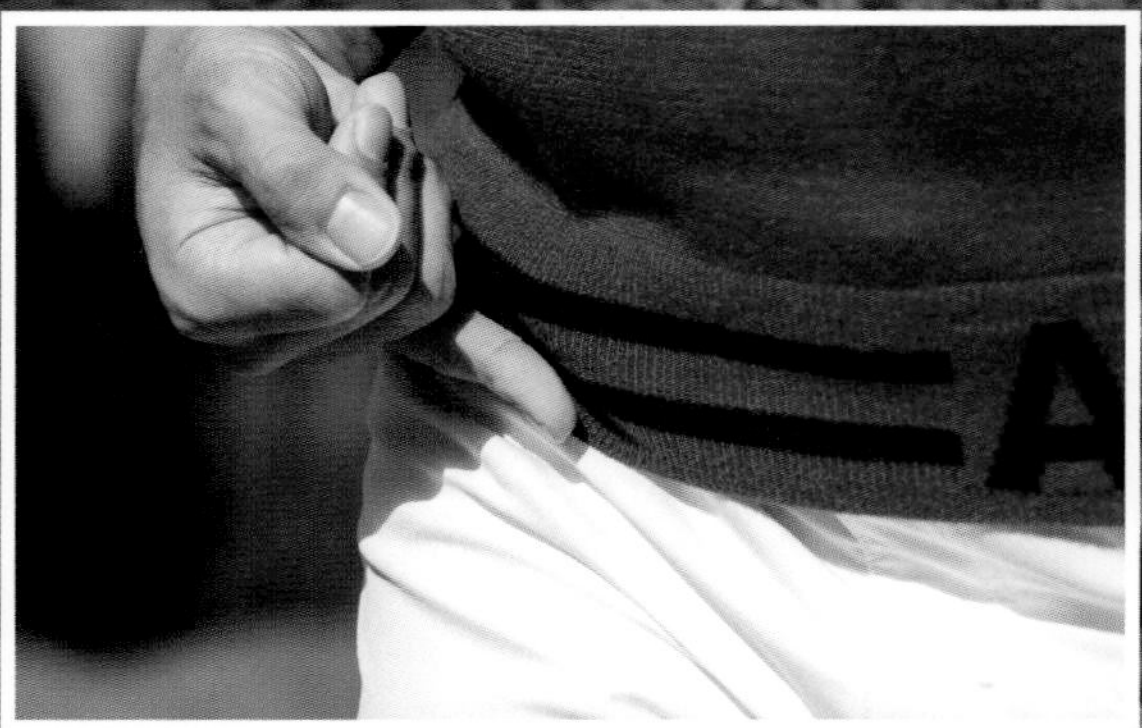

脇腹が捻られて
ちょっとキツい
くらいの感覚が
正解です

右肩を首の後ろまで回せば回転不足になりにくい

POINT

トップでは右肩を首の後ろ フィニッシュでは左肩を首の後ろまで回す

フィニッシュ

トップ

肩が深く入った大きなトップやフィニッシュを作るには、肩を首の後ろに回す意識を持つといい。この時、ヒジを下に向けるのがポイント。ヒジが引けた形になってはいけない

NG

バックスイングで左肩をアゴの下に入れるだけでは不十分

左右の肩で回転量に差がついてしまう場合がある。特に左肩がアゴの下に入ると、体が回っているように感じるが、右肩が首の後ろまで回っていないと回転不足になってしまう

トップとフィニッシュで肩をグッと入れる

体をしっかり回しているつもりでも、両肩のどちらかが回転不足になっているケースがあります。「トップで左肩をアゴの下に入れる」と言われたりしますが、そればかり気にして右肩が動かなければ、結局縮こまったトップになってしまいます。意識すべきはむしろ右肩で、トップで首の後ろまで回すようにすれば、肩甲骨がグッと入って大きいトップができるのです。

　また、フォロー側も同様に左肩を首の後ろに回す意識を持つと大きいフィニッシュができ、左右対称でバランスの良いスイングになります。肩を首の後ろに回す時、一緒にヒジが引けないように注意してください。トップでは右ヒジを、フィニッシュでは左ヒジを下に向けることで美しい形になります。

POINT バックスイングで右の肩甲骨が正面から見えれば十分に回れている

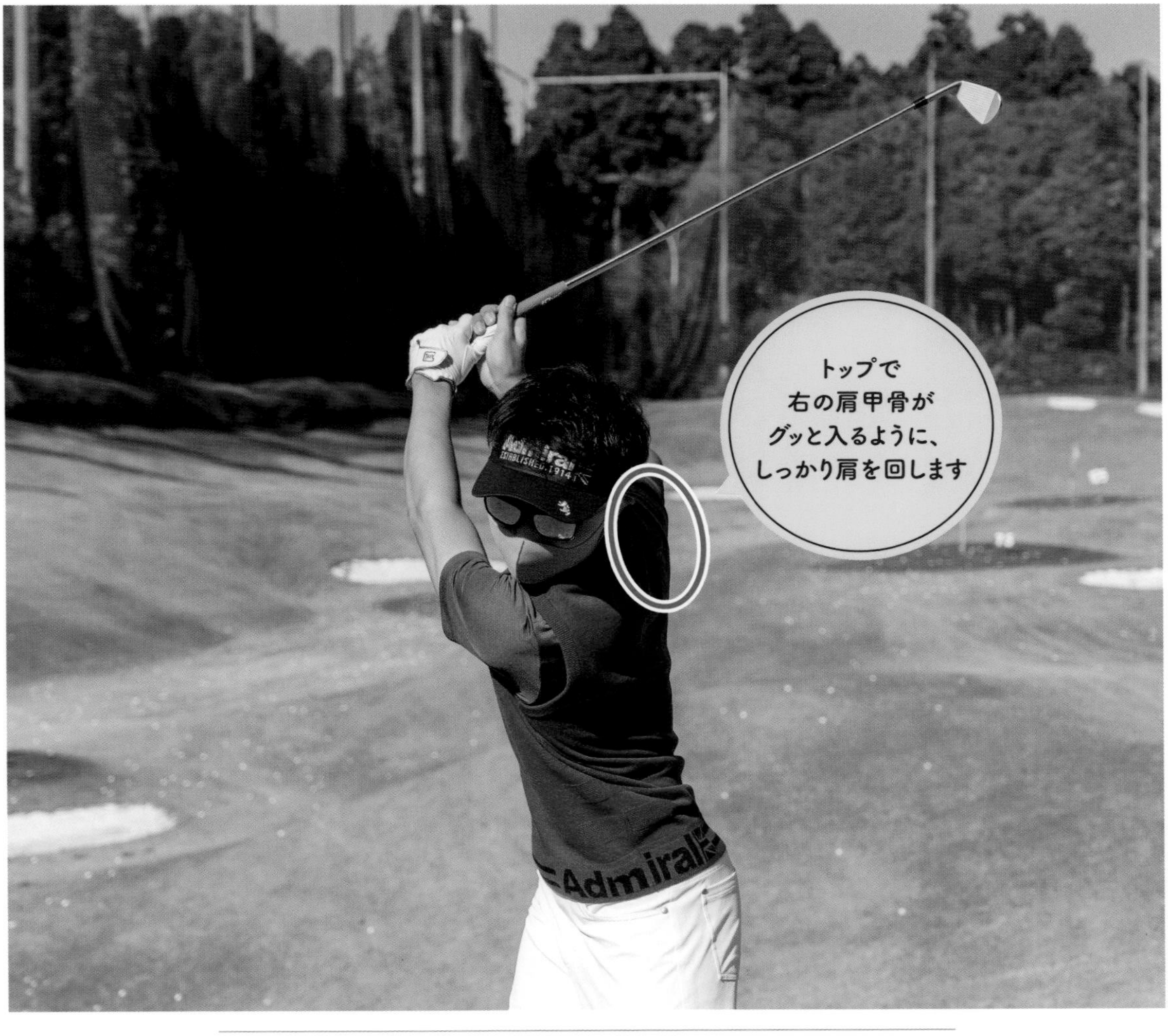
トップで
右の肩甲骨が
グッと入るように、
しっかり肩を回します

正面からスイングを確認し、トップで右の肩甲骨が見えていれば、右肩が十分に回れている。肩甲骨が見えてこないのは右肩がしっかりと回せていないという証拠だ

知らないとキケンな

スイングのホント

「ボールをよく見ろ」は体の回転の妨げになる

頭を残そうとしすぎると
窮屈なスイングに
なってしまいます

頭の位置を固定しすぎると体が回しにくい

頭の位置を固定したまま体を回すのは、柔軟性がないと難しい。また、下を向き続けてボールを凝視してしまうと体がロックされてしまうので、ボールは意識し過ぎずぼんやり見る

頭を少し動かすことでスムーズに回りやすくなる

「頭を動かすな」とよく言われますが、再現性に大切なのは振り子の支点の位置をキープすることであり、その支点は首の付け根に有ります。そのため、首の付け根の位置さえ保てれば、頭の位置や向きは変わってもいいのです。むしろ、ずっと下を向いたまま頭を固定する意識だと、体が回しにくくなり窮屈なスイングになってしまいます。

　一般的な柔軟性をもつゴルファーの場合、下を向いたままバックスイングをしようとすると体が十分に回りませんので、上がっていくクラブにつられて顔の向きが少し回るくらいでいいです。その際、目線がヘッドを追わないように注意しましょう。フォロー側も、クラブに引っ張られながら顔を上げていくことで振り抜きやすくなります。

POINT

頭の向きや位置は多少動いても良い

首の付け根の支点がズレない範囲であれば、頭の位置や向きは動いても大丈夫。むしろ少し動かしてあげることで、体の回転を妨げずにスムーズに動くことができる

体の回転と共に
多少頭の位置や
顔の向きは
変わってOKです

COLUMN

ゴルフは一度に色々なことをやろうとするな、練習するな

ゴルフが上手くなりたいなら、急がば回れ。いっぺんにアレコレやろうとするのではなく一つ一つ定着させて積み上げていくことが、最短で成長できる方法だということです。なかなかスイングが変わらない、調子の波が大きい、といった人は1球打ってミスをしたらすぐ意識を変えてしまったり、一度にたくさんのことを考えすぎてしまっている傾向にあります。「今のはここが悪かった、あそこが悪かった」と、ミスをする度に意識を変えてしまうと、何も定着しません。また、スイング中に複数のことを考えると、体がスムーズに動かず、結局やろうとしている動きができなくなります。ですから、1つのことだけを考えて、「やり切る」ことが大切です。

1つのテーマを決めたら、最低でも練習なら3日、ラウンドなら18ホールやり続けてください。どんなスイングでも100%ナイスショットを打つ方法なんてありません。1回や2回ミスしても気にしないでください。それだけ続けていると新しい感覚や気付きが生まれます。また、動きも定着して着実に前に進むことができるのです。

第三章

効率的な足の動きで力まずとも飛ぶスイングへ

ゴルフスイングは下半身の動きによって体が回り、腕が振られます。
さらに、足をたくさん動かすことができれば、効率的なスイングになります。
飛ばしたいなら、手や腕の力で速く振ろうとしてはいけません。
力の源は下半身ですから、足の力を活かしたスイングを身に付けましょう。

THE COMPLETE GOLF SWING GUIDE

日常的な「歩く動き」をスイングに転換しよう

POINT まずは歩くリズムでその場で足踏みしよう

歩いている時に腕が振られるような、自然な体の連動がゴルフにも必要だ。まずはその場で真っ直ぐ歩くようなイメージをしながらカカトだけを浮かせて足踏みしてみよう

バックスイングでは右足を踏む

ダウンスイングでは左足を踏む

人間本来の自然な動きで伸び伸びと体を動かせる

歩いている時は上半身に力みがなく、足踏みすることによって腕が振られます。これが人間本来の自然な動きであり、スイングでも同じように、下半身の動きによって体が回り、腕が振られるという順番が正解なのです。しかし、ゴルフとなった途端、全く違う動きになってしまいやすいので、まずは大袈裟に意識して下半身を動かしてあげることが必要です。

カカトを浮かせてその場で足踏みしてください。そこに回転を加えていきます。バックスイングでは右足を、ダウンスイングでは左足を踏み込んだ反動で体を回します。伸び伸びと気持ち良く体を回せる感覚があれば合格です。クラブを持った状態でも同じように動けるように意識して練習しましょう。

POINT 足踏みに腰の回転を加えていく

足踏みに回転を合わせていくと、スムーズに体を回すことができる。バックスイングでは右足を、ダウンスイングでは左足を踏み込んだ反動で体を回していく

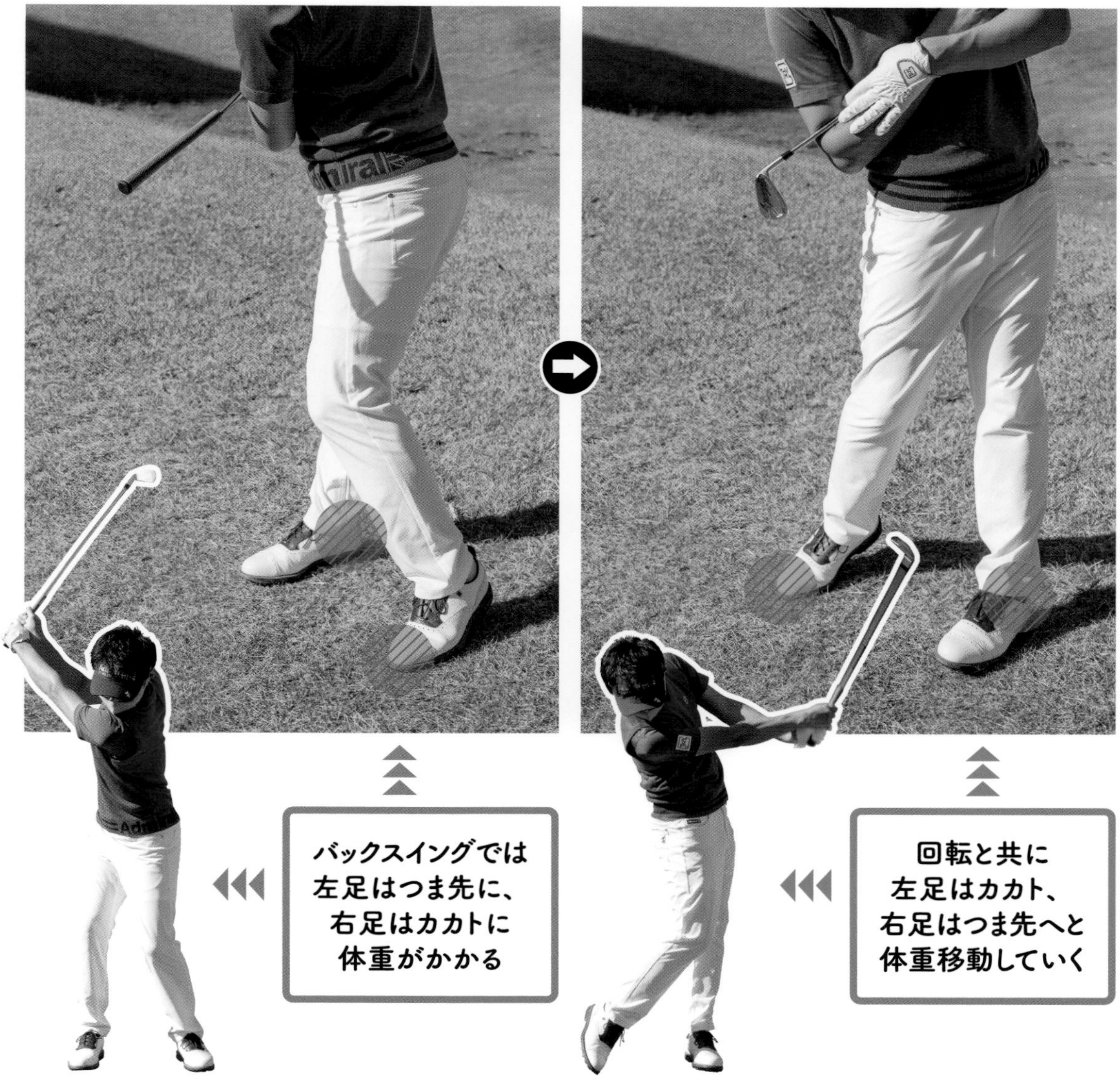

バックスイングでは左足はつま先に、右足はカカトに体重がかかる

回転と共に左足はカカト、右足はつま先へと体重移動していく

右足の動き

右足は内側に捻りながら地面を蹴っていく

太ももに力が入って、
固くなっているかを
確認しましょう

NG ヒザが前に出ると内側に回せない

右足が内側に回転せず、ヒザが前に出てしまうと腰の回転が止まってしまう。右ヒザを内側に寄せるようにしながら、右足を内側に回していくことで腰をスムーズに回せる

右足を内側に回すことで腰を速く回せる

右足はダウンスイングで内側に回しながら地面を蹴っていきます。そうすることで、腰を押し込むように回せるので、腰が速く回りスイングスピードも速くなります。そして、フィニッシュでは左足にほぼ全ての体重が移動するので、右足の裏が捲れてつま先で少し地面を触っているだけの状態になります。

地面を蹴る時にヒザが前に出ると右足に体重が残り、腰の回転も止まってしまうため、効率の悪いスイングになり飛距離をロスしてしまいます。また、手の通り道がなくなり、前に押し出されるのでボールがクラブヘッドのネックに当たるシャンクの原因にもなります。右ヒザと左ヒザを近づけるように内側に寄せていくことで、ヒザが前に出るのを防げます。

POINT フィニッシュで後方から足の裏全体が見えるようにしよう

フィニッシュで右足の裏全体が見えていれば合格だ。左足に体重移動していくので、右足はつま先で地面を少し触っているだけ。右足を回し切れず、体重が残ると足が捲れない

左足の動き

左足は地面を真っ直ぐ踏み込みながら伸ばしていく

ベルトを上に
引っ張るような
イメージと、
地面を踏み込んでから
左足を伸ばして
いきます

POINT

**フィニッシュでは
左足が完全に
伸び切った状態になる**

体は左へと回転していくので、フィニッシュでは左足のカカトで体重を受け止めることでバランス良く止まれる。つま先に体重が乗るとつんのめった形になってしまう

左足を伸ばし切って腰の回転を止めない

右足を内側に捻ると共に、左足を伸ばしていくことで腰が止まることなく回転できます。左足が曲がったままだとロックされてしまい、腰を回し切ることができないのです。

そのため、フィニッシュでは左足が伸びきった状態を目指しましょう。この時、ただ左ヒザを伸ばすだけだと、右足重心になり腰が引けてアウトサイドイン軌道になってしまう可能性があります。そうならないために、左足で地面を踏み込んでから伸ばすことを意識しましょう。踏み込むことによって自然と体重移動ができるのです。

また、フィニッシュでは左足のカカトで体重を受け止めることでバランス良く止まれます。この時つま先が少し浮いた状態になるのが理想です。

NG 左足が曲がったままでは腰が回転不足になる

左ヒザが曲がったままでは股関節にロックがかかり、腰を回し切ることができない。インパクトで前傾姿勢が崩れてしまったり、回転不足によってクラブを振り抜きにくく窮屈なスイングになってしまう

つま先に体重がかかり
シャンクなどの
原因にもなります

飛ばしたいと思ったら
腕ではなく足に
力を入れましょう

足にはいくら力を入れても変なスイングにはならない

私は動画内でも繰り返しお伝えしていますが、飛ばしたいなら足に力を入れましょう。上半身よりも下半身の方が筋肉量が多く、地面を強く踏み込めば踏み込むほど強い力を得られるからです。「飛ばそう」と思うと手や腕に力が入って、ぎこちないスイングになってしまう人が多いですが、足にはいくら力を入れても変なスイングにはなりません。バランスを保ったまま飛距離を伸ばせるのです。

切り返しで地面を踏み込み、インパクトで足を伸ばしていくことで効率良くヘッドスピードを上げることができます。これは両足共に行いますが、意識すべきは左足です。左足を強く踏み込むことで腰が速く回り、捻転差が大きくなります。

飛距離アップの秘訣

飛ばしたいなら 地面を強く踏み込もう

POINT 強く踏むことで腰が速く回り 捻転差が強くなる

切り返しで踏み込むことで、腰の回転スピードが上がり捻転差が強くなる。インパクトでは足を伸ばして溜まったパワーを解放することで、ボールを遠くに飛ばすことができる

POINT アプローチなど飛ばす必要のない ショットは踏み込まない

フルスイングしないクラブでは、足の踏み込む強さを弱くする。ドライバーからパターまで、振り幅に合わせて段階的に足の動きを少なくしていくことで飛距離の差を作ることができる

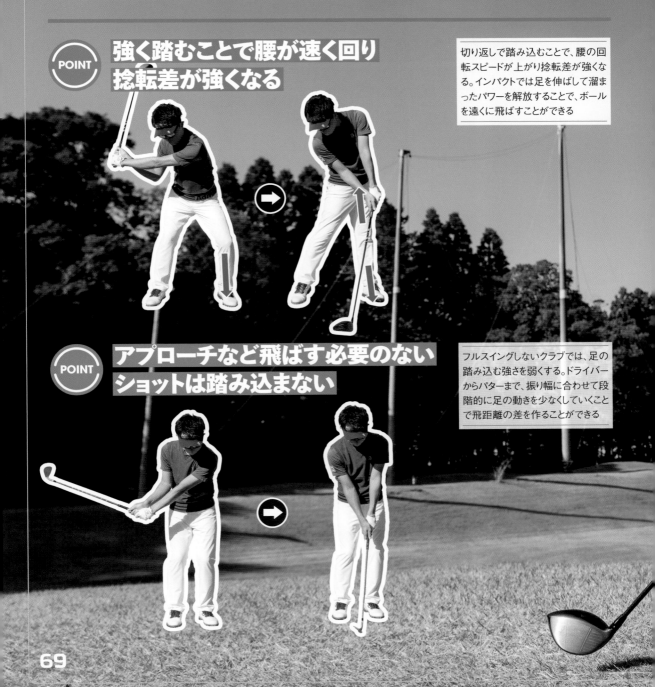

ブランコのタイミングで沈み込めばクラブが走る

POINT タイミング良く沈み込むことで振り子に勢いがつく

振り子の動きに上下動を加えることで、クラブヘッドに勢いがつく。この力を上手く利用するには タイミングが重要で、ブランコを漕ぐ時のように最高点から下りてくる時に下に向かってグッとエネルギーを加えることで加速する

ブランコを漕ぐように
沈み込んでから
伸びると振り子が
大きくなります

正しい沈み込みのタイミングを見つけよう

足を踏み込むことでヘッドスピードが上がるとお伝えしましたが、そこに沈み込む動きを付け足すことでさらに効率の良いスイングになります。下半身をスクワットのように屈伸させることで、振り子の動きに上下動が加わり、クラブヘッドに勢いがつくのです。

この力を上手に使うためにはタイミングが非常に重要なのですが、これは自分で見つけるしかありません。ブランコを漕ぐ動きをイメージして切り返しの直後に沈み込み、インパクトに合わせて足を伸ばしていきます。いつもより体がスムーズに回せたり、ヘッドが走っている感覚があれば正解です。最初はダフったり、当たらないかもしれませんが、タイミングが合うまでチャレンジしてみてください。

POINT 頂点から落下し始める直後に沈み込むイメージを持つ

沈み込むタイミングは、切り返しの直後になる。ヒザをフッと抜くように沈み込み、インパクトに合わせて伸ばしていくことで、クラブヘッドが走り、その勢いによって大きいフォローになる

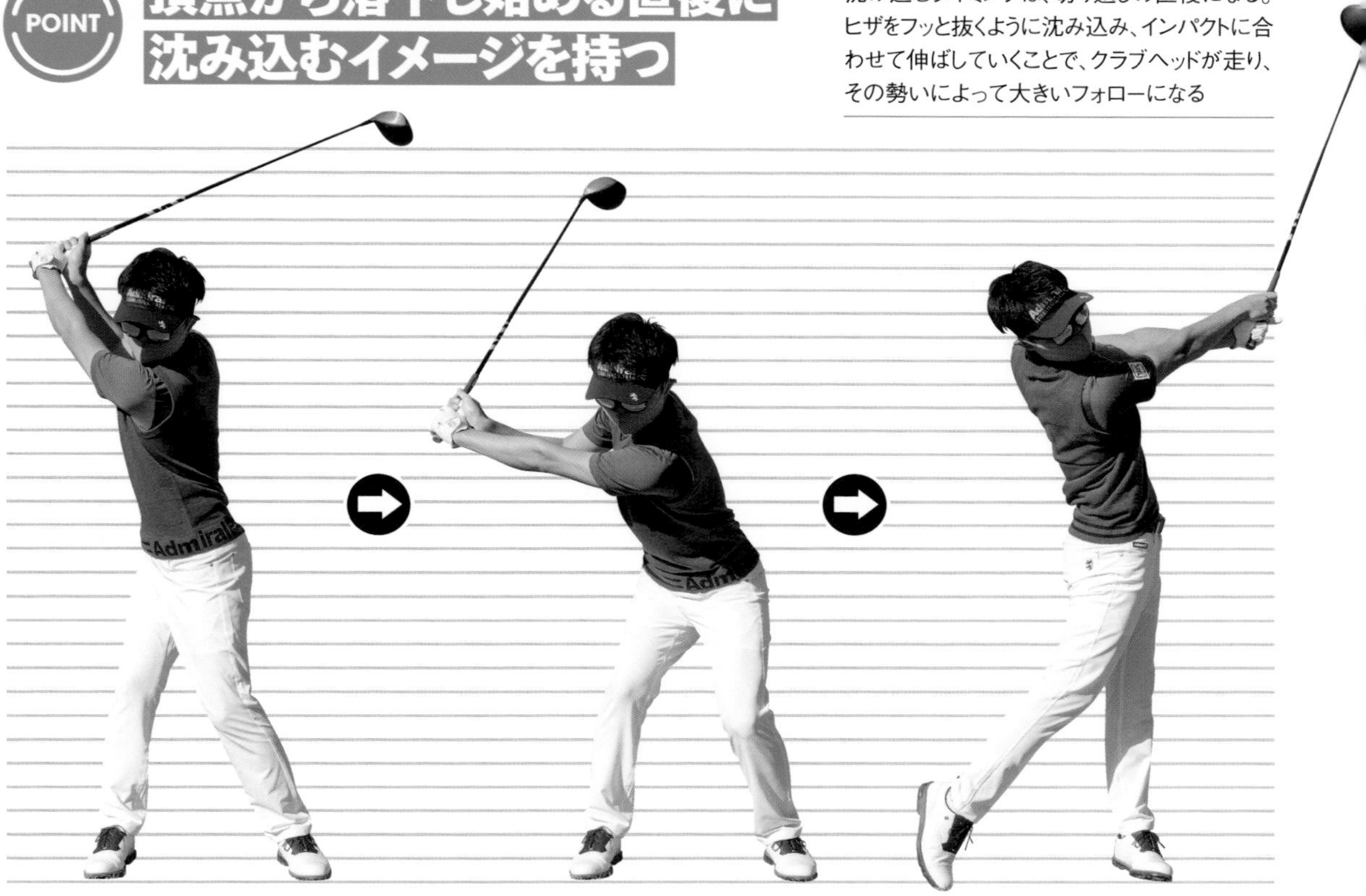

バックスイングでの
伸び上がりに
注意しましょう

NG 沈み込みは下半身の動きによって発生する

バックスイングで伸び上がって、インパクトで沈み込むスイングは間違い。沈み込みは下半身の動きによって生まれるものであり、上半身を上下動させてはいけない

足の動きによる体重移動を一連の流れで確認しよう

インパクト

右足を内側に回し、
左足を伸ばしていくことで
腰がしっかり回される

フィニッシュ

ほぼ全ての体重が左足カカトに
かかり、右足はつま先で
ちょこんと地面を触るだけ

スローモーションで一連の動きを確認しよう

下半身は効率の良いスイングを作る上で非常に大切です。ここまで説明してきた、それぞれの動きを復習しましょう。バックスイングでは、右足を踏み込み、ヒザを伸ばしながら腰を回していきます。この時体重は、右足のカカト、左足のつま先にかかります。ダウンスイングでは右足を内側に捻りながら、沈み込んでいた両足を伸ばしていきます。体重は右足のつま先、左足のカカトへと移動します。

インパクトでは左足を伸ばし切ることで腰がしっかりと回ります。フィニッシュではほぼ全ての体重が左足のカカトにかかり、右足はつま先で地面を少し触っているだけの状態になります。正しい動きを確認しながら、ゆっくりと下半身を動かす練習をしてみてください。

バックスイング

左足はつま先、右足はカカトに体重が乗りながらバックスイング方向に体が回る

ダウンスイング

ダウンスイングでは左足はカカト、右足はつま先へと体重移動しつつ、インパクトへと向かう

知らないとキケンな

スイングのホント

ベタ足スイングは回転不足になりやすい

ベタ足のまま
体を回すのは
かなりの柔軟性が
必要です

右足に体重が残ったスイングにもなりやすい

ベタ足のまま下半身が動かないと、体重移動が行われず右足に体重が残りやすくなる。ダフりやすくなったり、クラブも外側から下りやすくなるので、スライスの原因にもなってしまう

ベタ足スイングは アマチュアには不向き

プロゴルファーの中には、ベタ足でスイングする選手もいます。しかし、足を全く使っていないわけではなく、ベタ足でも下半身を効率的に使っています。それには足首の柔らかさや、足の動きを制限しても十分に回転量を確保できる体の柔軟性が必要です。一般人の柔軟性では、ベタ足のまま足を動かしたり、体を回すことはできないのです。

ベタ足スイングは、芯に当たらない人にとっては、軸を保つ感覚を覚えるという一定の効果もあります。しかし、それを続けていると手打ちになったり、飛距離不足に陥ってしまうのです。正しい足の動作ができていれば、下半身を動かしても軸がブレることはありません。まずは足を積極的に使いながらミートできるようになりましょう。

POINT 足が動いて骨盤が回り、上半身を大きく回せる

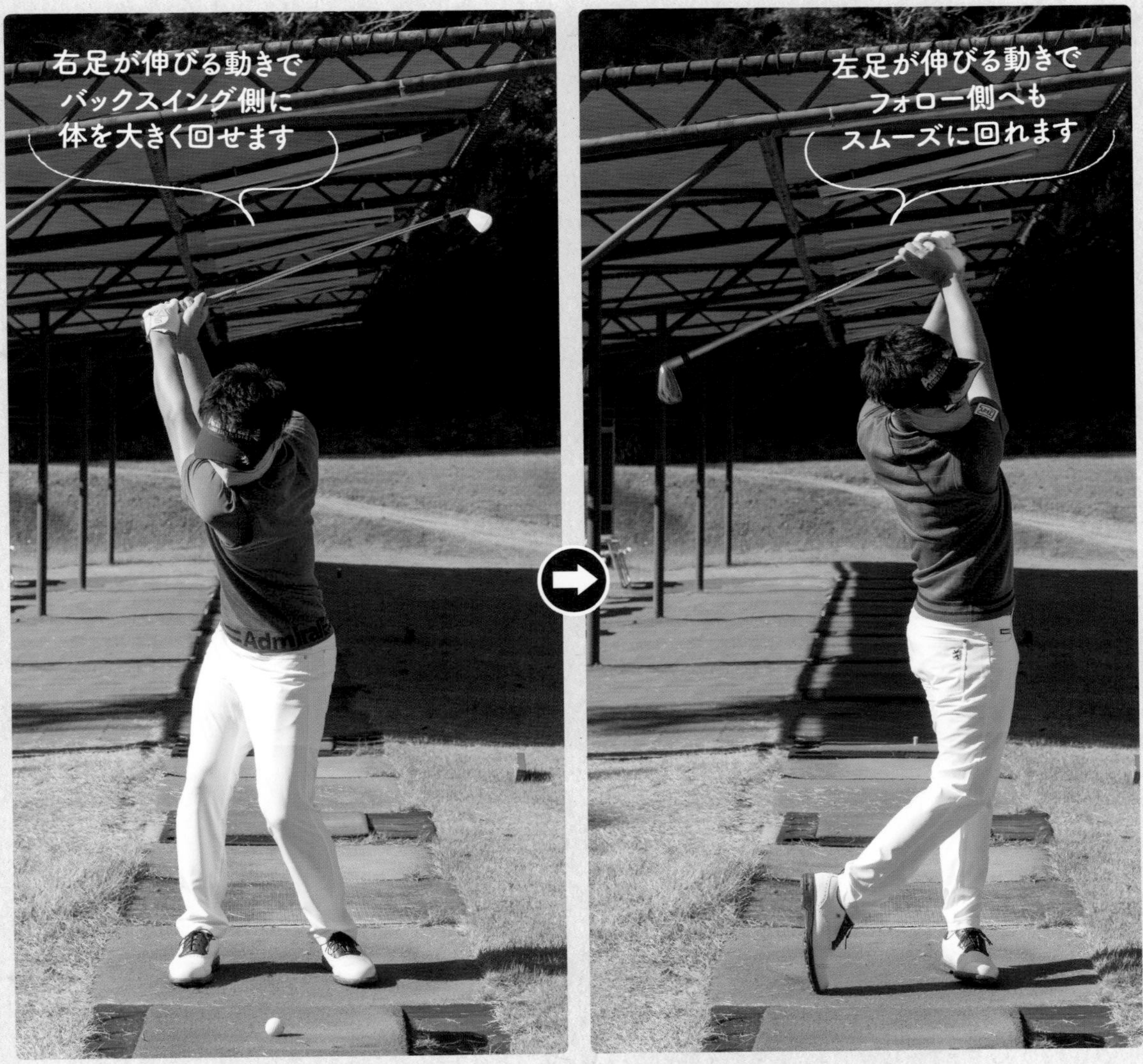
右足が伸びる動きで
バックスイング側に
体を大きく回せます
左足が伸びる動きで
フォロー側へも
スムーズに回れます

足が動くことで回転しやすくなるので、積極的に足を使う意識が大切だ。ヒザを曲げ伸ばしする動きと共に体を回せば、軸を保ったまま回転できるので打点も安定する

COLUMN

緊張をほぐすことはできない 慣れるしかない

誰しも朝一のティグラウンドに立てば、緊張はするものです。全く緊張しないようにする方法はありませんし、別のことを考えて緊張をほぐそうとしたりしても、せいぜい10%程しか消えないのです。ですから、まずは緊張した状態でどんなミスが出やすいかを把握しておくことが必要です。

大切なのは、緊張との向き合い方です。私がレッスンをしているある社長が「プロゴルファーはあんな大勢の前で良く平然と打てるよなぁ。僕は普段のゴルフでもド緊張して体が動かなくなってしまうのに」と言っていました。私からすれば、ゴルフをするより大勢の社員の前でスピーチをする方がよっぽど緊張します。緊張をするということは、その人のメンタルが弱いわけではなく、単に「場慣れ」していないだけなのです。従って、そこで萎縮して変に自信を失う必要はないということです。緊張してしまっている自分をダメだと思わずに、「練習してきたことをやるだけだ」と、ポジティブな気持ちを持ってください。そうすると、不安な気持ちが少し解消され、良い緊張感に変わっていきます。

第四章

ポジション毎の動きや形を覚えよう

「3つの土台」を理解したら、それらをスイングの中で繋げましょう。
この章では各ポジション毎に、正しい動きや形を詳しく解説していくので、
自分のスイングを動画で撮影して比較してみてください。
そうすれば改善点が明確になり、効率的にレベルアップできます。

THE COMPLETE GOLF SWING GUIDE

ADDRESS

アドレス

構えた時点でそのショットが成功するか否かが決まる

▶CHECK
手は下、頭は上という
力の引っ張り合いを
感じながらアドレスする

▶CHECK
手の位置は両足の
真ん中～少し左足寄り

▶CHECK
クラブが足の真ん中
ボールは若干左足寄り

▶CHECK
母指球を中心に
足の裏全体で
バランス良く立つ

振り子の動きがしやすい構えを作っておく

ショットが成功するかしないかのカギを握るのがアドレスです。まずはボールを打つより、正しいアドレスを作ることが上達への近道となります。練習場ではアドレスを軽視しがちですが、毎回同じ構えができているかどうか、一球一球丁寧に確認することがとても大切です。

その中でも重要なポイントは、腕を伸ばして構えることです。振り子のようにスイングしていく上で、アドレスの時点で首の付け根の支点と手元が引っ張り合う力を加えておけば、綺麗な円軌道を描けるのです。頭の位置が下がると腕が緩んでしまうので、アゴを引いたまま頭を上げて、手元はグッと下げれば腕が伸ばされます。スイング中はその感覚を常に持っておくことで、再現性が高まるのです。

CHECK
アゴを引いて
頭が下がらないようにする
CHECK
胸を張った状態で
20〜30度前傾する
CHECK
手をだらんと垂直に
下ろしたところで握る
CHECK
グリップエンドが
ヘソを向く
CHECK
両足・膝・腰・肩の向きを
目標に対して平行に揃える

グリップ①

グリップを見れば
その人の腕前が分かる

左手

CHECK

グローブのマジックテープが
正面から少し見えるくらい
被せ気味に握る

CHECK

親指と人差し指の高さが
揃うように、親指を短く握る

NG 親指を伸ばして
クラブを抑える

CHECK

親指と人差し指の間の
線が右肩を向く

隙間なく密着した一体感のあるグリップに

グリップはゴルファーとクラブを繋ぐ唯一の接点です。「グリップを見れば腕前が分かる」と言われるほど、大切なポイントなのです。握り方ひとつで、方向性や飛距離が見違えるほど良くなることもあります。

ポイントは、隙間なく密着したグリップを作ることです。両手共に親指と人差し指の付け根をキュッと締めて、2本の指の間で作られた線が揃って右肩を向くようにして握ります。そうすると、左手の親指を右手で包み隠すような形になり、一体感が生まれます。

また、意外と見落としがちなのが、人差し指と中指を離す「トリガー」を作ることです。こうして握ることで、クラブをコントロールしやすく、方向性や安定性を上げることができます。

右手

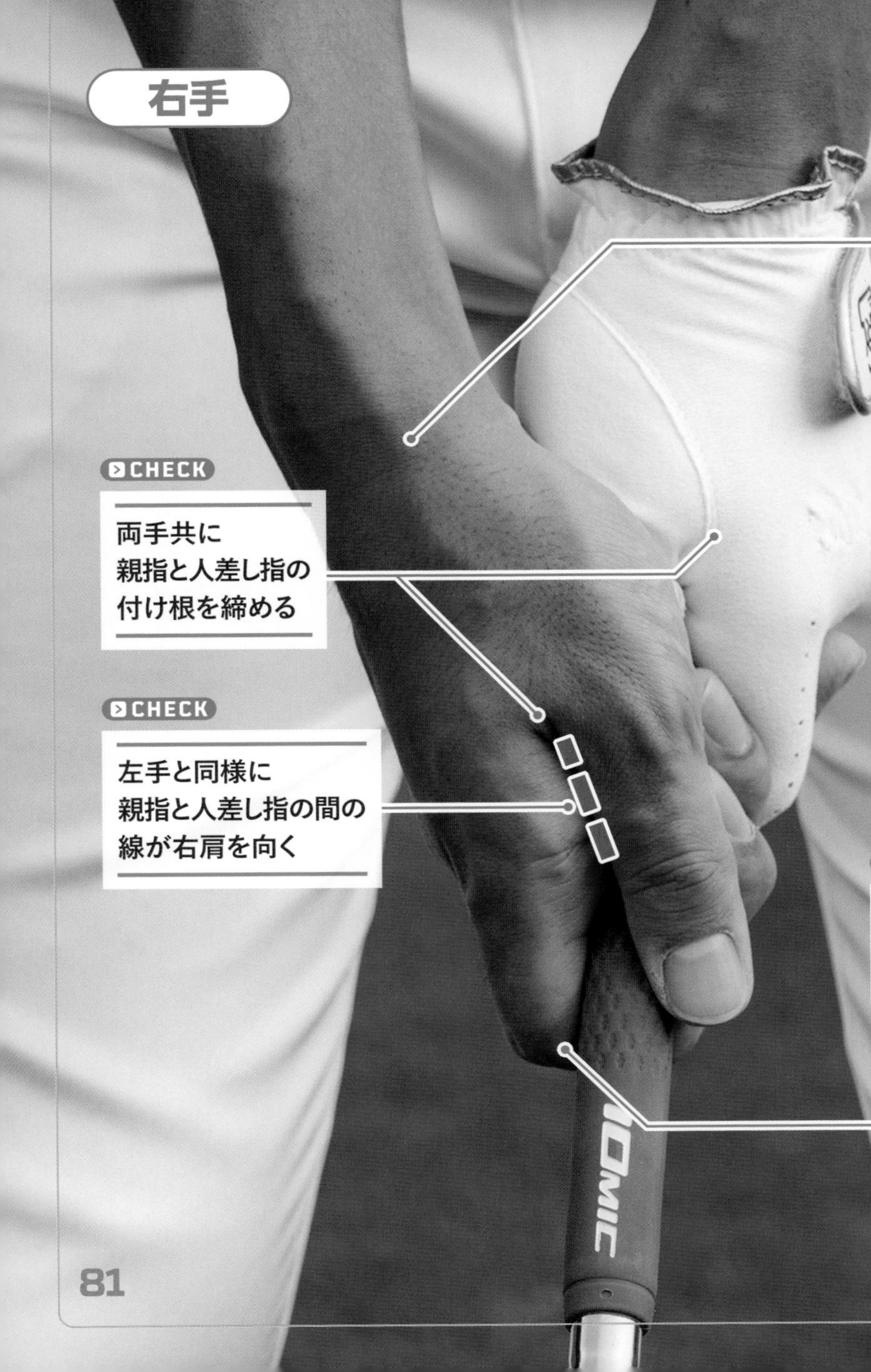

CHECK

左手の親指を隠すように
右手を上から握ると
両手が密着し、
一体感が生まれる

CHECK

両手共に
親指と人差し指の
付け根を締める

CHECK

左手と同様に
親指と人差し指の間の
線が右肩を向く

NG

正面から左手の親指が見える、
親指と人差し指の作るシワの
向きが左手と揃っていない

CHECK

人差し指と中指の間を
少し離して「トリガー」を作る

グリップ②

グリップは「握る」ではなく「引っ掛ける」と考える

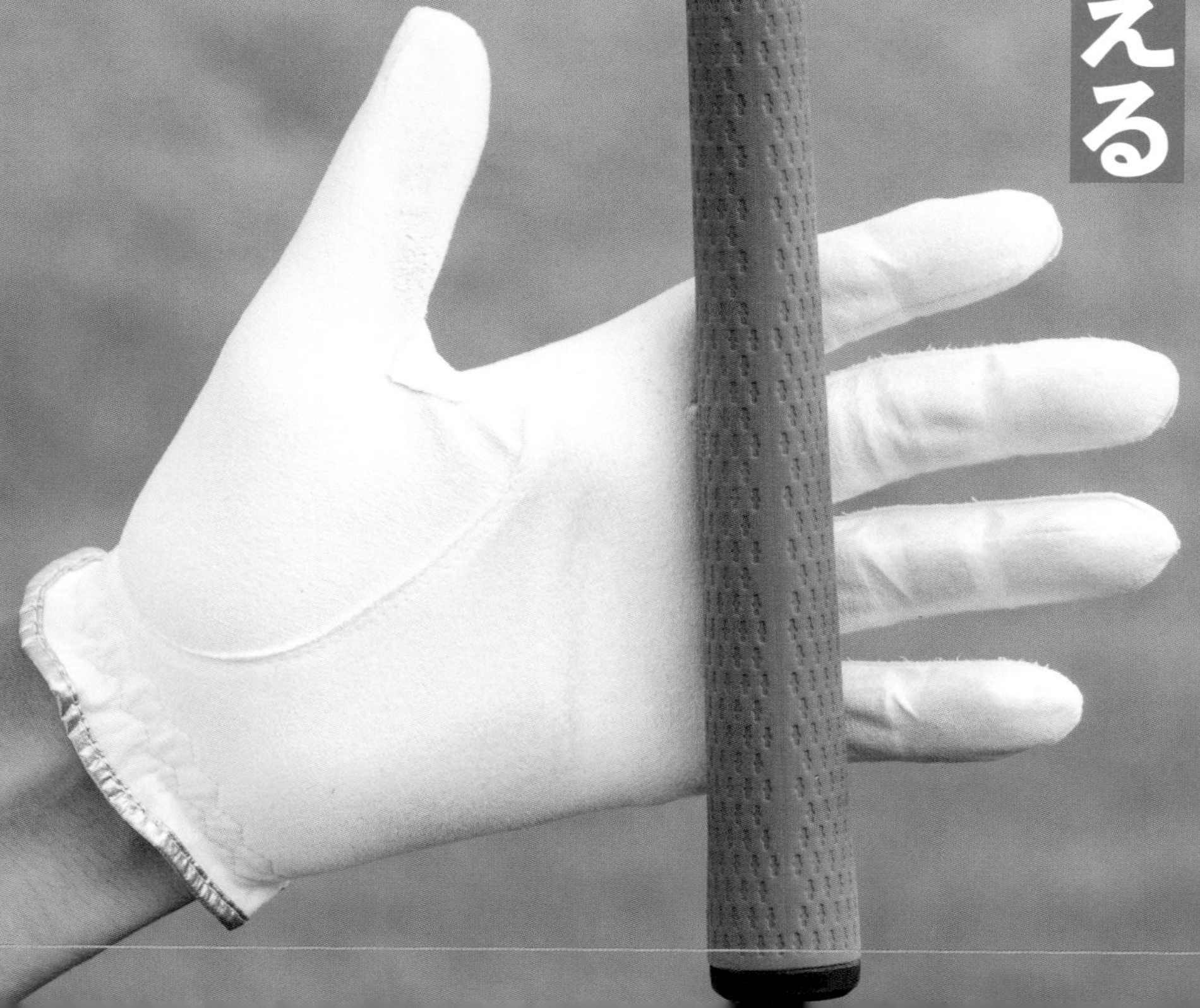

NG 手のひらで握ってしまう

NG 指先すぎる

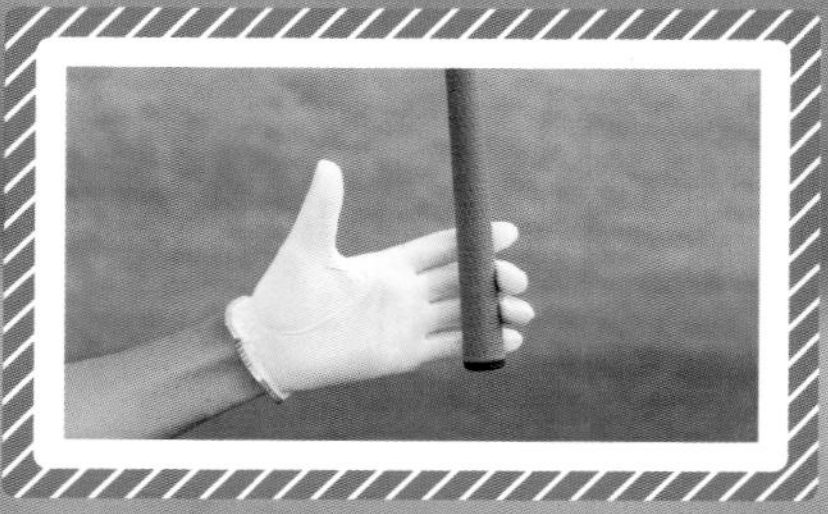

クラブヘッドの重さを感じられるようにしよう

グリップは指の付け根で引っ掛けるようにする方がクラブが安定します。手のひらを中心に握ってしまうとグリップがルーズになるので、ギュッと余計な力が入りやすくなります。第一章で説明した通り、振り子の動きをするためにはクラブヘッドの重さでスイングしなければいけません。引っ掛けるように握るとクラブヘッドの重さを感じることができます。逆に手が力むとその重さを感じることができなくなってしまうのです。

また、トップでは指の付け根でバックスイングの勢いを受け止める必要があります。手のひらでは勢いを受け止めきれず、クラブが目標より右を向くシャフトクロスや、オーバースイングなどが起こり、これらはスライスの原因になります。

CHECK

吊り革に掴まるように引っ掛けてクラブを握る

グリップは指の付け根で引っ掛けるようにする。電車で吊り革を掴む時のような手の力感・形をイメージする。手のひらで握ると、グリップがルーズになり余計な力が入りやすくなってしまう

CHECK

左手の中指と小指の下の膨らみだけでクラブを持ち上げられるようにする

正しくグリップができているかを確認するために、クラブを正面で持ち右手を外し、さらに左手の中指以外の指も外す。中指と小指の下の膨らみ（小指球）だけで引っ掛けるように支えられれば合格だ

テークバック

テークバックでの緩みは スイングにとっての致命傷

CHECK

初動では左手を右手より、
手一つ分下げるように始動する

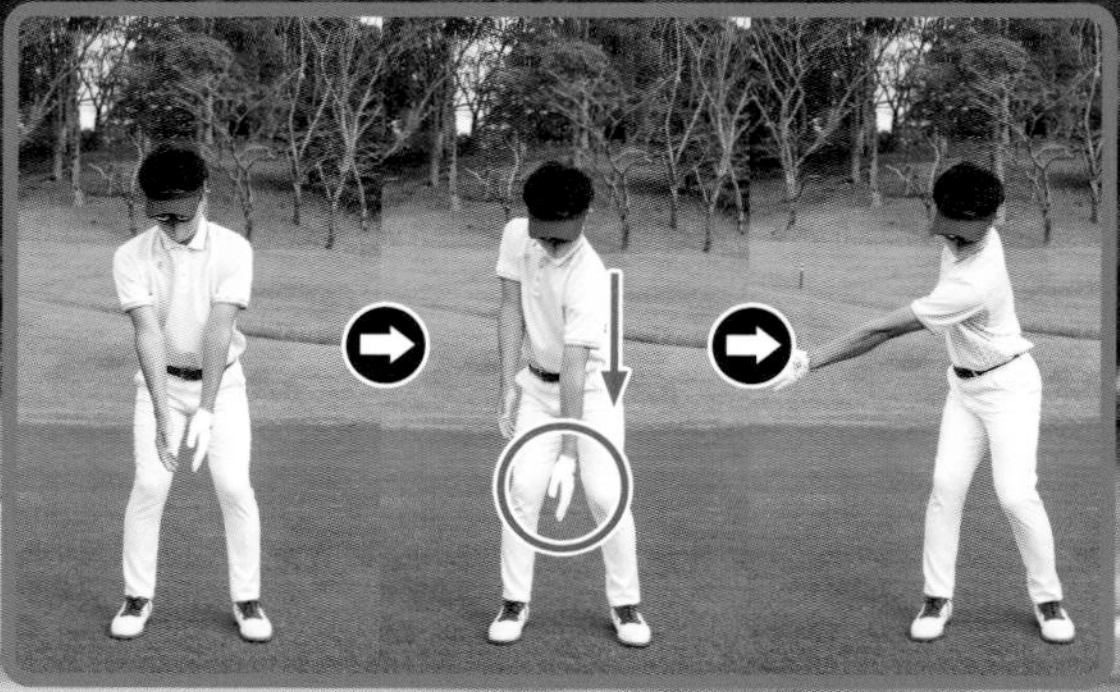

CHECK

テークバック前半は右腕も
曲げずに構えた時の形を保つ

CHECK

右にいる人に左手で握手するような
イメージで腕をピンと伸ばす

クラブは絶対に持ち上げないようにする

テークバックとはバックスイングの初期、クラブが腰の高さくらいに来るまでの動きのことです。クラブの上げ方に悩んでいる人は多いと思いますが、一番気を付けるべきポイントは「持ち上げない」ことです。手や腕の力でクラブを上げてしまうとヒジが曲がりやすくなり、腕が緩んでしまいます。それでは振り子にならず、不安定なスイングになってしまうのです。

テークバックはアドレスの形を保ち、両腕が伸ばされた状態のまま体の回転で上げていきます。この時、腕の張りを保ちながら上げていくことが大切です。左手を右手より、手1つ分下げるようにして始動して、そのまま左手で右にいる人と握手するようなイメージを持つことで、腕の緩みを防止できます。

CHECK
右腕を回さずに
構えた形のまま体の
回転でクラブを上げる
NG
右腕が回ると
フェースが開いてしまう
CHECK
構えた形を左腕が地面と平行の位置まで
キープしてそこからコックを入れていく
CHECK
フェースが
45度くらい
地面を向く

トップ

「ワキを締めろ」は嘘だった!?
大きなトップを目指す

CHECK

コックの角度は
90度が目安

CHECK

正面から右の
肩甲骨が見えるくらい
しっかり体を回す

CHECK

腰は45度、肩は90度
回り、捻転差が生まれる

CHECK

腰が回り過ぎないように
我慢することで
右足の付け根にズボンの
シワができる

ボールから遠い位置にクラブを上げよう

テークバックからトップに向かう時に、右ヒジを意図的に曲げようとする必要はありません。両腕を伸ばしたままトップまで上げる意識で、自然にたたまれていく方が良いのです。そうすると、ボールに対して遠い位置にクラブが上がり、スイングアークが大きくなるので、効率的に飛ばすことができるのです。「ワキを締めて上げろ」とよく聞くかもしれませんが、その意識だと体と手元が近づいて窮屈なトップになりやすいのです。ワキが空いているかどうかは気にせずに、できるだけ遠くに上げましょう。ただし、右ヒジが下を向いていることが条件です。右ヒジが上を向いた形になると、クラブがアウトサイドから下りて、スライスしやすくなってしまうので注意してください。

CHECK
左手の甲と腕が真っ直ぐで
右手には角度がつく
CHECK
ヒジを下に向けたまま
手元を高く、ワキは空いて良い
NG ヒジが上を向いてしまう
NG ワキを締める
CHECK
右足のカカトに
体重が乗る

切り返し

「急がない」「振り下ろさない」「力まない」の三原則

CHECK
沈み込む動きによって
クラブがインサイドから下りる

CHECK
背中はまだ目標方向を
向いている

CHECK
下半身の沈み込みによって
頭の位置が少し下がる

CHECK
下半身が先行して回り
捻転差が強くなる

CHECK
上半身と下半身の分離が起きて、
下半身の回転スピードが一気に上がる

クラブに勢いを与えるのは手や腕の力ではない

スイングは振り子と同じですから、クラブヘッドの重さで振り下ろすのが基本です。よって切り返しではクラブヘッドが下りてくるのを待つ「間」ができます。急いで振り下ろそうとしてはいけないのです。

そこにスピードを加えていく時に手や腕の力に頼ってしまうと、上半身から動き捻転差がなくなってしまいます。肩が開いてアウトサイドからクラブが下りるスライスしやすい軌道にもなります。正しい順番で体を動かしながらクラブに勢いを与えるためには、トップで伸ばされた体が縮む反動で下ろすことが大切です。そうすることで下半身が先行して動きやすくなります。捻転差が保たれてパワーが溜まり、正しい軌道でクラブが下りてくれるのです。

CHECK

トップで伸ばされた体がゴムのように反動で縮むイメージで、自然にクラブを下ろす

切り返しは自分の力でクラブを振り下ろすのではなく、トップで伸びた体が縮む反動と回転によって勝手に下りてくるイメージを持とう。そうすれば正しい順番で体が動き、捻転差が強くなる

NG 手や腕の力でクラブを振り下ろすと捻転差が消えてしまう

自分の力でクラブを振り下ろそうとすると、手や腕、上半身が先に動いて捻転差がなくなってしまう。パワーをロスするだけでなく、クラブが外側から下りる軌道になり、スライスしやすくなってしまう

DOWNSWING・INPACT

ダウンスイング・インパクト

自分では制御不能の一瞬の動き
クラブに仕事をさせる

CHECK

「タメ」を解きながら
（リリース）当てるが、
体が先行して回るので
ハンドファーストで当たる

CHECK

インパクト直前まで
コックが保たれて
「タメ」ができる

CHECK

右足を内側に
捻りながら
腰を回していく

NG 打ちにいく意識が強いと
アーリーリリースになる

NG 自分で「タメ」を
作ろうとはしない

手首の振り子を効率良く使うために

コックの角度をダウンスイングまで保ち（タメ）、インパクトの直前でリリースして、手首の角度が解かれる途中で当たるのが理想です。手首の振り子を効率良く使える形になります。振り子が一番速くなるのは最下点ですが、スイングでは体の回転が加わるため、フォローで最速となるのです。

ただし、インパクトは一瞬の動きなので、これらを自分でやろうとするとタメが解かれるタイミングが合いません。リリースが早いとヘッドが垂れてダフりやすくなりますし、遅いとヘッドが走りません。自分でどうこうしようとせず、クラブに任せた方が上手くいくのです。手首の振り子が加速して下りてきて、勝手に当たるイメージを持ちながら打っていきましょう。

CHECK
前傾はインパクトまで保つ
CHECK
体と手元が近くなる
CHECK
正しい軌道は
後方から見て右腕と
シャフトが重なる
CHECK
捻転差が保たれているので
肩はボールを向き
腰は目標方向を向く

FOLLOW THROUGH

フォロースルー

腕が伸びていくような引っ張り合う力を感じろ

CHECK
支点と手（クラブ）の間で
引っ張り合う力が
発生して腕が伸ばされる
CHECK
捻転差が解消され
肩と腰が同じ
向きになる
CHECK
左右の手が
入れ替わり
腕がクロスする

NG 支点がズレて
引っ張り合う力が生じない

左ヒジが引ける形を防ぐためのコツ

インパクトで説明した通り、クラブヘッドはフォローで最速になります。ここで左右の手が入れ替わり、クラブの勢いで腕が伸ばされていきます。支点と手（クラブ）の間で引っ張り合うことで、振り子の動きになります。首の付け根の支点がズレたり、腕が曲がってしまうとこの引っ張り合う力が発生せず、再現性がなくなります。

アマチュアゴルファーのミスとして多いのがフォローで左ヒジが引けてしまうことです。外側からクラブが下りてきてインサイドに振り抜くスライスしやすい軌道になってしまいます。対策としては、左ヒジを下に向けるように左腕を反時計回りに回しながら振り抜いていくことです。そうすると左ヒジがスムーズに伸びていきます。

CHECK
左腕を反時計回りに回転させることでヒジが引けない
CHECK
適正なフェースターンが入るとトウが上を向く

NG 左ヒジが引けてフェースが開く

FINISH

フィニッシュ

フィニッシュの形は スイングの答え合わせだ

CHECK

インパクト以降頭を上げていき
頭・体・足が一直線になる

CHECK

左足を伸ばし切り
左足に体重が乗る

CHECK

つま先でチョンと地面を触る程度で
右足には体重が残らない

NG 右足に体重が残る

手元が低いフィニッシュは スライスが出やすい

フィニッシュは、必ず正しい形を覚えましょう。なぜなら、フィニッシュはスイングの終着点であり、バックスイング、ダウンスイング、フォロースルーを経て行き着く場所です。目的地が間違っていては、スイング軌道も正しい道を辿りません。ですから、正しい形をイメージして、そこに向かって振っていくことが大切です。また、正しくスイングできたかどうかの答え合わせにもなるのです。

必ず確認すべきポイントは、手元の位置です。トップで手元は高い位置にあり、左右対称にフィニッシュで高い位置に手元を持っていくことでクラブが正しい軌道を通ります。手元の位置が低くなると上から下へ振り抜く軌道になり、スライスしやすくなってしまうのです。

CHECK
手元は頭と同じ高さ
CHECK
シャフトが首に巻きつく
CHECK
左足のカカトに
体重が乗ると
バランス良く立てる
CHECK
足の裏全体が
見えている

S I D E　A N G L E

シンプルで美しいスイングへ

連続写真でイメージを作ろう

BACK ANGLE

後方から動画を撮影して

お手本スイングと比較しよう

COLUMN

フォームから離れて感覚を養うことも大切だ

スイングのフォームを良くすることは必要です。しかし、形だけを真似しようとしても上手くいきません。なぜなら、リズムやタイミング、当て感などを向上させるためには、「感覚」を養う必要があるからです。ゴルフも他のスポーツと同じように、理屈ではない部分があります。例えば、全力疾走している時は細かいことなど考えませんよね。しかし、ゴルフとなると色々なことを考えたくなってしまいます。飛ばしたいと思った時に「タメを作ろう」、「バックスイングを高く上げよう」などと考えてしまい、形が目的になってしまうと速くは振れないのです。

フォームさえ良くなればゴルフが上達すると考えている人が多いですが、時には頭を空っぽにして全力で振ったり、ひたすら10ヤードの距離を打ったり、リズムだけを意識したりと、感覚を磨く練習も必要なのです。結果的に体がスムーズに動くようになって、後で確認してみると形が良くなっていることもあります。ですから、「形」と「感覚」をバランス良く取り入れて練習することが大切です。

第五章

クラブによる
打ち方の違いを知ろう

基本的には長いクラブになればなるほど、振り子・回転・足の動きを大きくしていきます。
ですから、それぞれの使い方がクラブ毎に少しずつ変わっていくのです。
そこで、各クラブによって異なるポイントや、その打ち方に加え、
ラウンドで使える実践的なテクニックも解説していきます。

THE COMPLETE GOLF SWING GUIDE

ドライバー①

「地面と空中」、球の場所に合わせて構えを変える

POINT

ドライバーのアドレスのチェックポイント

- ☑ 上半身を少し右に傾けて構える
- ☑ ボール位置は左足カカト内側の延長
- ☑ 手元はボールより前に出さない

POINT

上がり際で打てる構えを作る

ティアップされたボールは空中にあり、クラブヘッドが最下点を通過した後、上がり際で打たなければいけない。上半身を少し右に傾けて構え、その傾きを保ってスイング中に変えないようにする

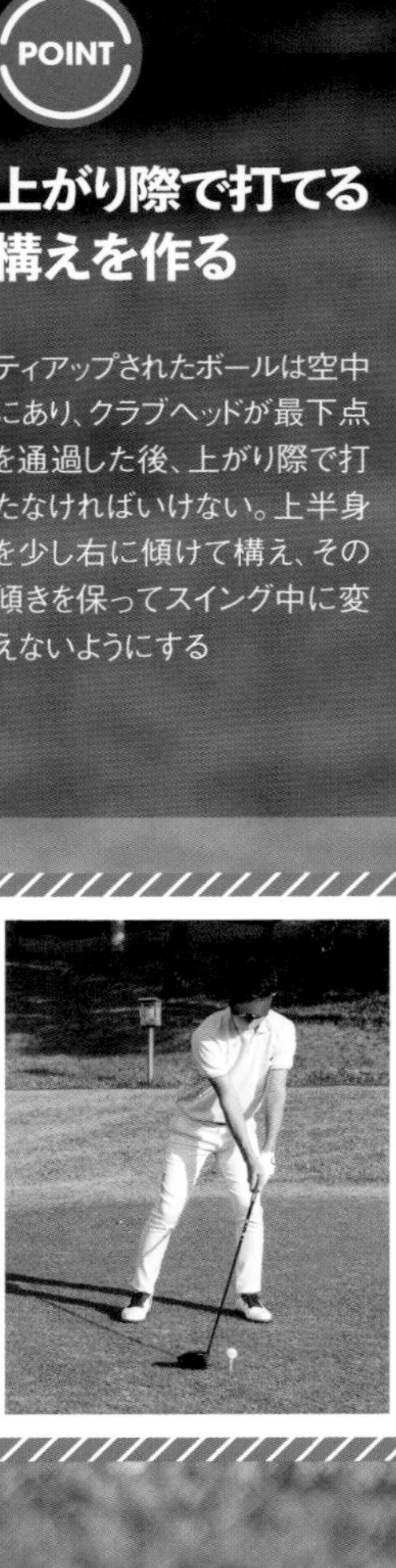

NG

右肩が前に出た構えではアッパーには打てない

上がり際で当てるために、ボール位置は真ん中より左側にセットする。しかし、そのボールに対して構える意識が強いと右肩が前に出て、上から打ち込むような構えになってしまう

アイアンとドライバーで明確に分けるべきこと

アイアンは地面にあるボールを打つのに対し、ドライバーはティアップされて空中にあるボールを打ちます。ですから、クラブヘッドが最下点を通り過ぎた後、上がり際で当てる必要があります。そのために、ボールを真ん中より左に置き、アドレスで上半身を少し右に傾け、手をボールより前に出さないようにして構えると良いのです。

このように構えて、スイング中に体の傾きを保ったまま打つことができれば自然と上がり際で当たります。ドライバーとアイアンでインパクトのイメージは明確に変えましょう。「アイアンは得意だけどドライバーが苦手」、またはその逆の人は、構え方とボールの捉え方をはっきりと分けることで、クラブに合ったスイングができます。

POINT

アイアンは地面のボールを下がり際で当てる

地面にあるボールを打つ時は、クラブヘッドが最下点に達する直前、下降を続けている途中で当てるとナイスショットになりやすい。そのため、地面に対して体を垂直に構える

ドライバーは
空中にボールが
あるから
上がり際で打てる

DRIVER

ドライバー②

緊張する場面ほど怖がらずに大きく振れ

POINT

なるべく大きいスイングアークをイメージする

首の付け根の支点の位置をキープして、そこからなるべく遠くを振る意識を持とう。体をしっかりと回すことに繋がるので正しい軌道を作りやすく、スライス防止になる

ドライバーは大きく振るほど曲がらない

朝一や狭いホールでのティショットは誰しも緊張するものです。「当てたい」という気持ちが強くなり、縮こまったスイングになってしまいがちです。しかし、普段のリズムとは変わってしまったり、手や腕でコントロールしようとすると、振り子の動きができなくなり、逆に曲がりやすくなります。

だからこそ、緊張する場面では大きく大きく振る意識をしておくことで、体を使った正しいスイングができるのです。注意すべきポイントは、支点の位置をキープすることです。大きく振ろうとするあまり、左右に軸がブレると不安定になるだけではなく、体と手の距離が近くなりスイングアークは小さくなります。結果、一生懸命振っても飛ばないスイングになってしまうのです。

NG

縮こまったスイングだと方向性が悪くなる

「ボールに当てたい」という気持ちが強くなると、手や腕の力に頼ったスイングになりやすい。リズムが悪くなったり、腕が緩んだりして再現性の低いスイングになってしまう

ドライバー③

14本のクラブの中で最も握る強さを弱くする

POINT

フォローで右手を離せるくらいのグリッププレッシャー

力が入って手首が固まるとヘッドが走らず効率の悪いスイングになってしまう。利き手である右手が力んでしまう人が多いので、フォローで右手を離す練習をすることで、最適な握る強さが分かる

実際に右手を離した方が飛距離が伸びる人もいます

クラブをやさしく握り手首をたくさん使って打つ

ドライバーは最もヘッドスピードが必要なクラブです。そのため、手首の振り子を14本の中で一番大きく使う必要があります。手首を自由に動かせるほどこの振り子が大きくなるので、クラブを握る強さは弱くしなければいけません。逆にアプローチなど飛ばす必要のない場合は、腕の振り子だけで打つため、比較的強めに握ります。

プロゴルファーや上級者を見ていると、フォローで手を離しているのに、ナイスショットをしている場面がよくあります。それほど手に力が入っていないということです。手に力が入りすぎてしまう人は、これを真似してあえてフォローで右手を離す練習をしてみましょう。そうするとどれくらいの強さでクラブを握れば良いかがわかります。

POINT

打つ前の素振りではヘッドの重さを感じながら手首を柔らかく使う意識を付ける

1 小さい振り子でヘッドの重さを感じる

打つ前の素振りは、クラブヘッドの重さを感じることが大切。ドライバーはヘッドが軽く、その重さが感じにくいので、まずは小さい振り幅でゆっくりと素振りをして確かめよう

2 手首をたくさん使ってヘッドを走らせる

クラブヘッドの重さが感じられたら、そのまま体を回し振り幅を大きくしていく。ヘッドの重さにつられて手首が動き、ヘッドがビュンと走るような感覚になる

フェアウェイウッド

ダフりのミスさえ消せれば苦手意識を克服できる

ダフらない
ことが大切
トップはOKです！

POINT

右足に体重が残らないようにしっかり体重移動する

右足に体重が残ると、下から上へとすくうような打ち方になり、手前をダフりやすくなる。球を上げようとせずに、下半身をしっかりと動かし、左足へと確実に体重移動して打つ必要がある

確実にダフりのミスを消すための意識

フェアウェイウッドは、ダフりさえしなければ難しくありません。距離を稼ぎたいクラブですので、トップしても全く問題ありません。そして「トップしてもいいや」と思えることでプレッシャーも軽減できます。また、ミスした時にどんな球が出るか予測しやすいので、マネジメントもしやすくなります。

「分かっていてもダフってしまう」という声が聞こえてきそうですが、まずは大袈裟にイメージしてみてください。ボールではなく、その先でソールを滑らせるように打つのです。フェアウェイウッドのソールは厚いので地面を滑るように動いてくれます。ですが、ボールの手前から滑らせるのではなく、ボールの先に意識を向けることで確実にダフりを消せるのです。

POINT

ボールの先をブラッシングするイメージでソールを滑らせる

ボールは地面にあるので、ドライバーとは違いクラブヘッドの最下点の手前でインパクトしなければいけない。また、距離を稼ぎたいクラブなので、ボールの頭を打つトップをしても大きなミスにはならない。ボールの先でソールを滑らせるイメージを持つと、緩やかな入射角かつ、下り際で打てるのでダフリのミスが少なくなる

MIDDLE IRON

ミドルアイアン

5番アイアンのクオリティが スイングの完成度を左右する

地面から打つクラブの中で最もボールが上がりにくい

最近のクラブはロフトが立った設計になっているものが多いので、5番アイアンだけでなく、物によっては6番や7番でもボールが上がりにくくなっています。このようなミドルアイアンでボールを上げるにはヘッドスピードが必要です。そのためには、力感は下の番手のアイアンと変えないようにしながら、手首をたくさん使ってヘッドを走らせなければいけません。

手首の振り子は、長いクラブになればなるほど段階的に大きく使っていきます。5番アイアンは地面から打つクラブの中では一番ボールが上がりにくいので、難易度も最も高くなります。ですから、5番アイアンを積極的に練習して上手く打てるようになれば、ゴルフ上達が近づくのです。

POINT

手元よりヘッドを先行させるイメージ

下の番手のアイアンよりも、手首をたくさん使ってヘッドを走らせるようにする。インパクト時に少しだけ手元よりヘッドを先行させる意識を持つと、ボールが上がりやすくなる

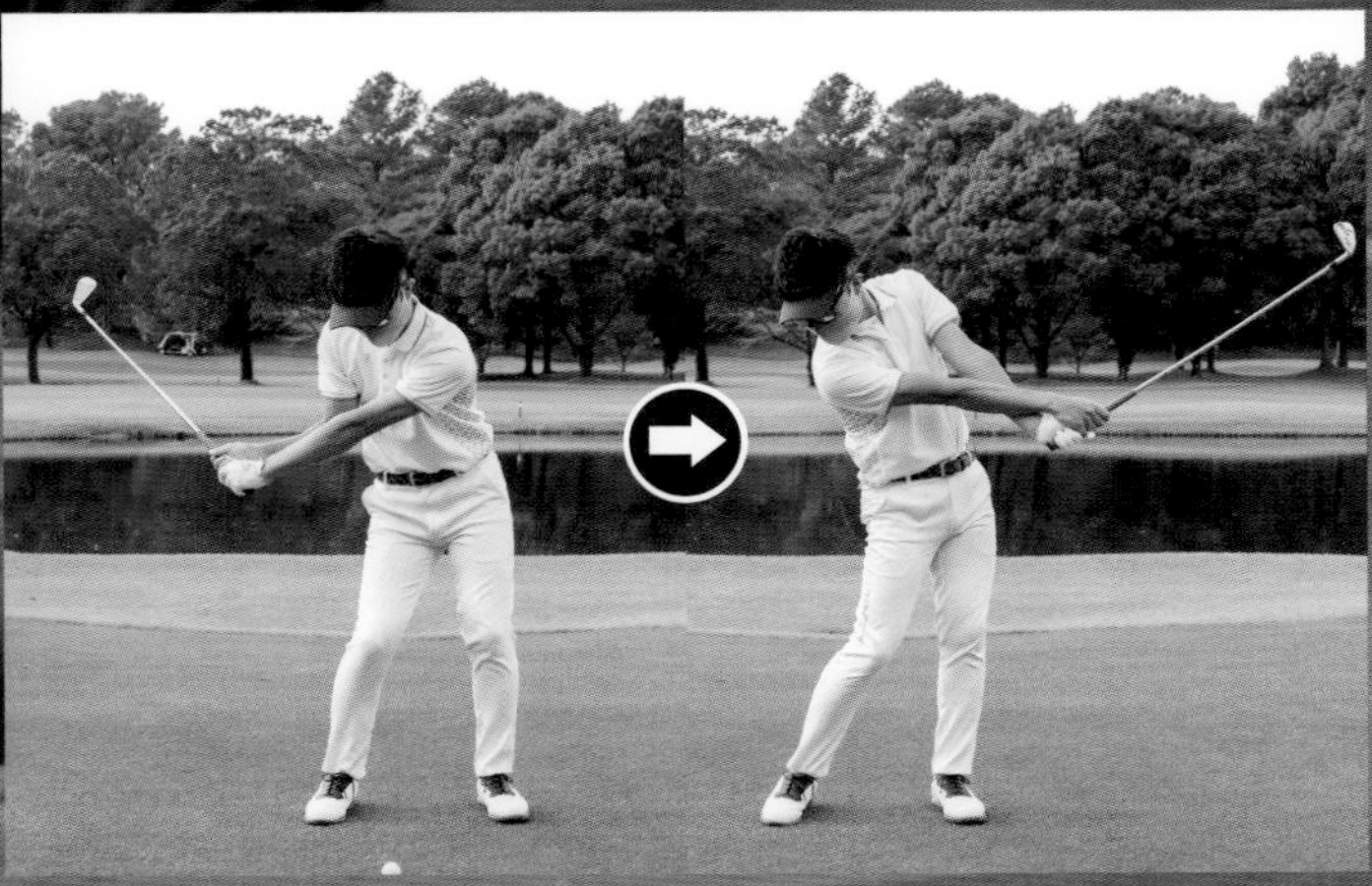

NG 突っ込まない、打ち込まない

5番アイアンはただでさえボールが上がりにくいクラブなので、上から叩き付けるような打ち方はしない。体が左に流れないように、軸をキープする意識を持とう

SHORT IRON

ショートアイアン

手首の動きを減らし コントロールショットに徹する

ショートアイアンでのフルスイングは厳禁

ショートアイアンはミドルアイアンとは違い、ロフト角が大きいので、ヘッドを走らせなくてもボールはしっかり上がってくれます。そのため、手首の動きを抑え、１本の振り子を主体として打っていきます。ただし、短いアプローチやパターと違って全く手首を使わないというわけではありません。少しだけ使うイメージです。

また、長いクラブではトップ付近でクラブの遠心力により体の回転量に対して腕の運動量が少しだけ大きくなりますが、ショートアイアンでは体の回転量と腕の運動量を同じにします。常に手元が胸の前にあるように意識して、振りすぎないようにしてください。飛ばすクラブではなく、狙うクラブですから、コンパクトに振りましょう。

POINT

腕や手首を使いすぎず体の回転と共にコンパクトに振る

ショートアイアンは縦距離を安定させたいクラブ。手首の動きを減らし、体の回転を使って打つ。体の回転に対して腕の動きが大きくなると飛距離が安定しないので、手元が常に胸の前から外れないように意識しよう

NG 体が回っていない

NG 振りすぎてしまう

体が回らずに腕だけが動いてしまうと、再現性のないスイングになってしまう。また、長いクラブのように手首をたくさん使ってヘッドを走らせると、球筋が安定せず縦距離にバラつきが生まれやすくなる

ウェッジ①

100ヤード以内は振り幅をコントロールして打ち分ける

POINT

50ヤード以上は少しだけ足幅を広げる

足幅を狭くすると、腰の可動域が狭くなり、体の回転を抑えることができる。50ヤード未満は足幅を狭くし、それ以上は足幅を広げることで、体の回転量をコントロールしよう

POINT

時計をイメージして左右対称の振り幅で打つ

100ヤード以内の距離は振り幅で打ち分ける。時計をイメージすると、振り幅を決めやすい。その距離を飛ばせる最も小さい振り幅で打つことで、緩まずにしっかりと打つことができる

小さい振り幅で打つことに慣れよう

フルショットできない微妙な距離を「なんとなく」で打ち分けてはいけません。感覚に頼ると、リズムが変わったり、力んだりしてしまいます。振り幅を決めておき、振り子の動きで打つことが大切です。ポイントは、その距離を飛ばせる最も小さい振り幅にすることです。大きく振り上げて、短い距離を飛ばそうとすると緩みやすく、大きなミスを招きます。右の時計は、56度のウェッジを使用した時の振り幅と距離の基準です。一般的な成人男性であれば、誰でも同じように打てるはずです。この振り幅が小さいと感じるなら、普段はバックスイングを上げすぎているのです。また、基本的には手首は使わず体の回転だけで打っていきます（50ヤード以上は少しだけ手首を使います）。50ヤード未満の短い距離では足幅を狭めることで、体の回転量を抑えられて打ちやすくなります。

40ヤード
8時半～3時半
50ヤード
9～3時
60ヤード
10～2時
70ヤード
11～1時

ウェッジ②

グリーン周りのアプローチは小さく振れる構えを作る

POINT

グリーン周りのアプローチの構え方

- ☑ 短く持つ
- ☑ 足を揃える
- ☑ 少しオープンスタンス
- ☑ 近くに立つ
- ☑ 小さく構える

POINT

クラブと体の距離を近づけよう

短く持ってクラブと体を近づけることで、振り子の軌道が縦になり、インパクトゾーンでクラブヘッドを直線的に動かせる。方向性が良くなり、狙ったところに打ちやすい

小さく振るには小さく構えなければいけない

グリーン周りの短い距離のアプローチは、小さく構えることで飛び過ぎるのを防げます。足を揃え、クラブを短く持ち、クラブと体を近づけます。フェースは目標に向けたまま、カカトを軸に少し足を開くことで振り抜きやすくなります。この時、手元がボールより前に出てボール位置が右足の外側になります。この形をキープし、手首を使わずに打ちましょう。

　ボールを上げようとするとミスしやすいので、芝が薄く削れるくらい打ち込むイメージで打ちます。それでもロフトがあるぶん、フワッとやさしい球を打つことができます。色々な打ち方をするのではなく、絶対的な自信を持って打てるアプローチショットを1つ極める方が、スコアをまとめやすくなるのです。

POINT

左足のカカトを軸に足をオープンにする

フェースは目標に向けたまま、カカトを軸に足だけ少しオープンに構える。そうすることで、手元と体の距離が近くてもクラブの通り道ができて、振り抜きやすくなる

NG ボール位置が左足寄りになってしまう

WEDGE

ウェッジ③

クラブ選択によって転がすか止めるかを打ち分ける

転がしのアプローチはリスクが少ない

アプローチは打ち方を変えるのではなく、クラブによって球筋を打ち分けた方がシンプルでミスが減ります。低い球でボールを転がしたい時はピッチングウェッジ、球を上げて止めたい時はサンドウェッジを選択しましょう。ですが、サンドウェッジは芯を外した時に大きなミスになりやすいので、出来るだけピッチングウェッジで転がした方がリスクを軽減できます。

しかし、ピッチングウェッジが使えるシチュエーションは限られていて、バンカー超えや深いラフからは使えません。ですから、外す場所を想定したコースマネジメントも大切になります。またそういった場所にボールが行ってしまった時に使えるようにサンドウェッジを練習しておくことも大切です。

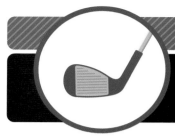

POINT

それぞれのクラブが適したシチュエーション

ピッチングウェッジ

- ☑ エッジからピンまで距離がある時
- ☑ ディボットにボールがある時
- ☑ 冬場など芝が薄く地面が硬い時

サンドウェッジ

- ☑ エッジからピンまでが近い時
- ☑ グリーン手前にバンカーがある時
- ☑ ラフにボールが沈んでいる時
- ☑ グリーンが下り傾斜になっている時

POINT

ピッチングウェッジとサンドウェッジの特徴

ピッチングウェッジ

- ☑ 低い打ち出しで転がりやすい
- ☑ ミスヒットに強い
- ☑ 深いラフでは打ちにくい

サンドウェッジ

- ☑ 上がりやすい
- ☑ スピンが入りやすく止まりやすい
- ☑ 芯を外すと大きなミスになりやすい
- ☑ 当たる角度によって距離が変わりやすい

POINT

クラブは変わっても打ち方は全て共通

持つクラブが変わっても、打ち方は変えない。ただし、ピッチングウェッジとサンドウェッジでは、振り幅に対する飛距離が違うので、それぞれの距離感を把握しておくことが大切だ

バンカー①

「手首だけ」使う意識でバンカーは超簡単になる

NG 手首を固めて打つ

手首を使わずに打つと、ヘッドが走らず砂の抵抗に負けやすい。しかし、砂がほとんどなく地面がとても固い時は、アプローチと同じようにクリーンにボールを打つのもアリだ

POINT

振り幅は打ちたい距離の2〜3倍

バンカーショットはボールではなく砂を打つ。その抵抗に負けないように、打ちたい距離の2〜3倍くらい振り幅を大きくする。硬めの砂なら2倍、柔らかい砂の場合は3倍が目安となる

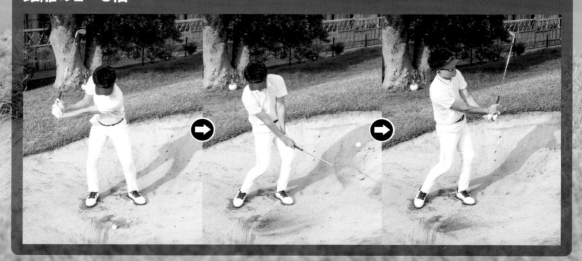

バンカーショットは回転ではなく手首が主役

バンカーではクラブヘッドをビュンと走らせるように、手首の振り子を主体として打ちます。通常のショットでは、左腕が地面と平行になるポジションまで手首は曲げませんが、バンカーでは、構えた位置から手首を使いながらクラブを上げていきます。そうすれば、コックの角度が大きくなり、手首を目一杯使えます。そして、インパクトに間に合うようにコックを早めに解くことも大切です。

普段は回転量を大きくすることでヘッドスピードを上げますが、バンカーでは手首の動きが主役になります。そのため、手首だけを使って打つ感覚で正解です。しかし、体を完全に止めてしまうと十分なスピードを得られないので、手首の動きと共に体も回して打ちましょう。

バンカー②

ボールではなく砂を飛ばす量を意識する

POINT

腰を落としてボールの少し手前に構える

ボールの少し手前に構え、その場所にクラブヘッドを落としていく。足を広げ腰を落としてドッシリ構えることで、体重移動が抑えられ、確実に砂を打てるアドレスができる

クラブを入れる位置はアバウトでOK、打点よりも「どれくらい砂を飛ばすか」をイメージしよう

砂を飛ばす量で飛距離をコントロールする

バンカーはボールを打つのではなく、手前の砂を打つものです。なので、打点よりも砂を飛ばす量に意識を向けたほうが上手くいきます。砂を飛ばす量が一定であれば飛距離は安定し、その量をコントロールできれば距離感を合わせるのが楽になるのです。飛ばす砂の量が少ないほどボールは飛び、多いほど飛ばなくなります。練習では、砂の量に対する飛距離を確認しておくことが大切です。

打点に関しては、構えた時点で確実に手前の砂を打てる形を作っておきましょう。ボールの手前にクラブをセットして、足を広げて腰を落として構えてください。通常のショットとは違い砂越しにボールを飛ばすので、手前の砂を打てさえすれば打点が多少ズレても問題ないのです。

POINT

一本線を引いてその少し手前を打つ練習

バンカーに長めの線を引き、そこにボールがあると仮定して打っていく。約10センチ手前を打てれば合格だ。打点よりも砂を飛ばす量が大切で、その量が毎回バラバラだと飛距離が安定しない。飛んだ砂の量が少ないと飛び過ぎたりトップが出やすく、多いと砂の抵抗に負けてダフりやすくショートしやすい

パター①

正確なパッティングのための構え方の基本

POINT

パターのアドレスのチェックポイント

- ☑ ボール位置は左目の真下
- ☑ 前腕とシャフトが一直線になる
- ☑ つま先を揃える
- ☑ 腰から前傾して小さく構える
- ☑ シャフトと地面が垂直になる
- ☑ ソール全体が地面と接する

NG シャフトが地面と垂直にならない

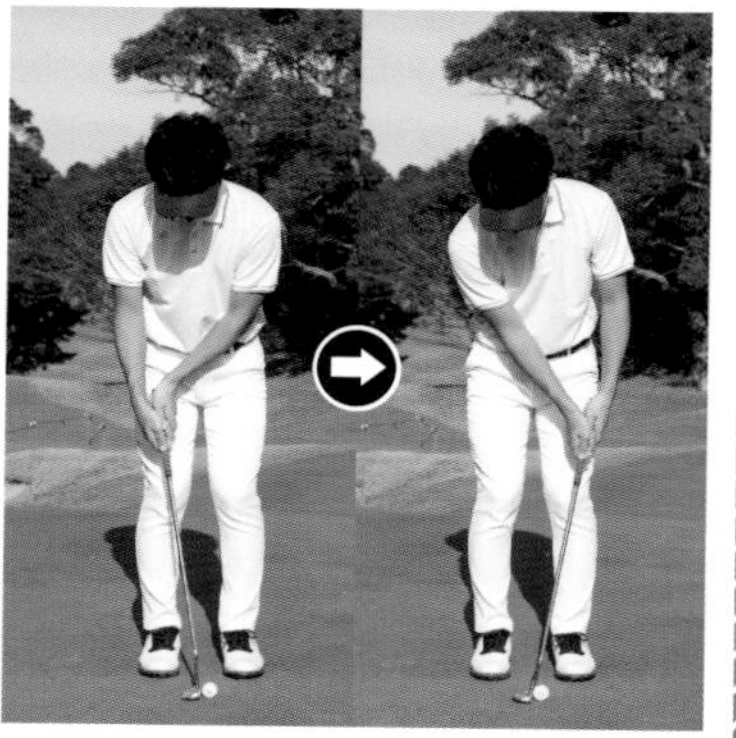

手元が右足の前や左足の前にあるとシャフトが傾き、打つ時に転がりが一定でなくなるので、距離感が出しにくくなる。手元を両足の真ん中に、シャフトが地面と垂直になるように構えよう

ボール位置を基準にすれば毎回同じ構えができる

まず自分の構えをチェックする時に、前から見ても横から見ても左目の真下にボールがあることが大切です。ボールは少し左にありますから、パターのフェース面が足の真ん中になります。そしてボールを真上から見下ろすので、ボールと自分の距離はショットを打つ時よりかなり近くなります。近くに立つことによって、パターヘッドを直線的に動かすことができるので、方向性が安定します。

また、下半身はヒザを軽く曲げて腰から前傾し、足幅は肩幅にします。この時に太ももの裏側が伸ばされる感覚があると良いです。ショットを打つ時はつま先を少しハの字に開いて、腰を回しやすくするのが基本ですが、足の動きを使わないパッティングではつま先を揃えます。

NG 前腕とシャフトが一直線でなくソールの一部が浮く

ヒジを軽く曲げ、ヒジから先の前腕とシャフトが一直線になるように構える。手元の位置が低すぎるとトウ側が、高すぎるとヒール側が浮いてしまう。ソール全体が地面に接するようにしよう

パター②

「包丁を握る強さ」がちょうど良い力感だ

手首はロックしつつスムーズに動ける力加減

手首を使ってヘッドを走らせる必要があるクラブは弱めに、手首を固めて打つクラブは強めにグリップを握ります。すなわち、パターは全てのクラブの中で一番強く握るということです。

ただし、強く握りすぎるとパターヘッドの重さを感じられませんし、ぎこちない動きになってしまいます。しっかりと握りながらも滑らかな動きが必要なので、包丁を使っている時の、手首はロックしつつ、力みすぎていない力加減が最適です。

また、ストローク中にその力加減を変えないことも大切です。他のクラブはアドレスで弱く握っていても、インパクトでは自然に力が入ります。しかし、パターはインパクトの時も力加減を変えてはいけないのです。

14本の中で唯一強く握ってよいクラブです

POINT

他のクラブのグリップとは握り方を変える

通常のショットで用いられるグリップは、手首が動きやすい形になっている。そのため、パッティングでは手首を固定しやすいグリップに変えることが好ましい。左手の人差し指を右手の小指に重ねる逆オーバーラッピングがスタンダードだが、他にも様々な握り方があるので、しっくりくるグリップが見つかるまで色々と試してみよう

POINT

10本の指を密着させて隙間なく握る

パターはグリップが緩んでしまうと方向性も距離感も安定しない。10本の指が一体化するように隙間なくしっかり握る。そうするとストローク中に力加減が一定になりやすい

POINT

グリップの平らな面に親指を揃えて握る

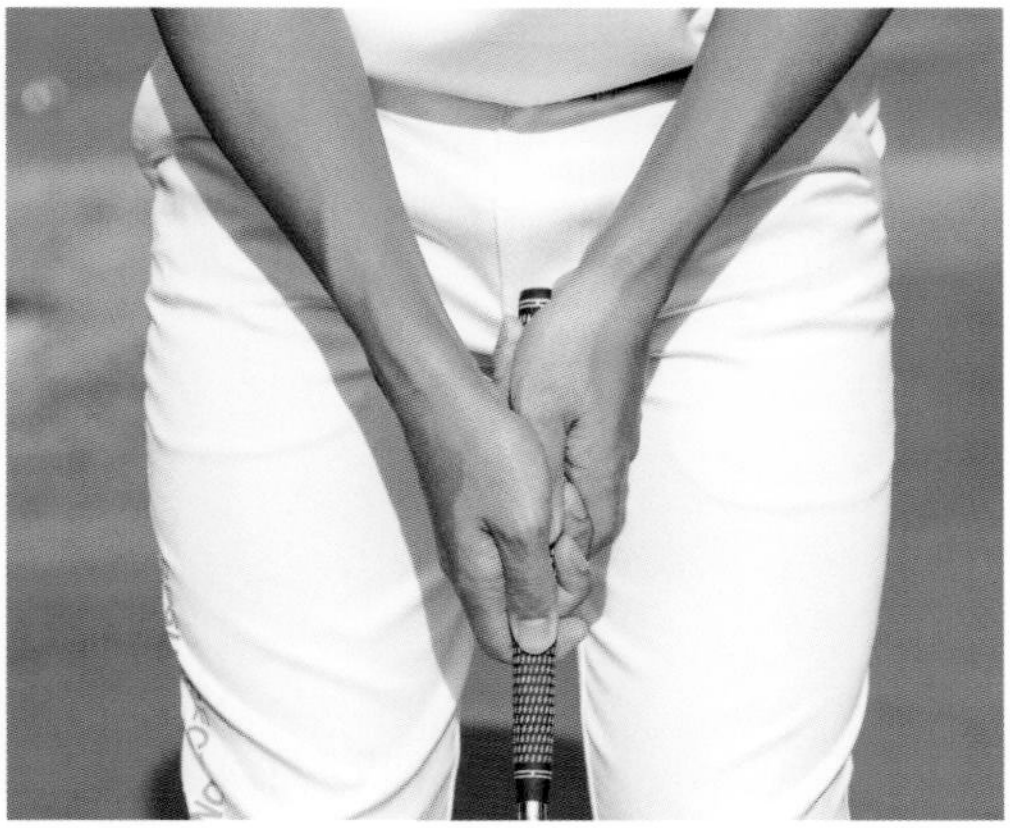

パターのグリップには平らな面があり、そこに親指を真っ直ぐ揃えて乗せる。親指の向きが揃っていないと、ストローク中にフェースの向きが変わりやすくなってしまう

パター③

「距離感」「方向性」「転がり」を良くするパターの打ち方

フォワードプレスに挑戦してみよう

パターで一番多く見受けられるミスが、手首を使ってしまうことです。手首が折れると方向性も距離感も安定しません。手首を固めてパターヘッドの挙動を安定させることが大切です。

始動時に手元をわずかに目標方向側に動かすフォワードプレスを入れると、スムーズにテークバックしやすくなります。また、パターのロフトが少し立ってボールの転がりも良くなります。ただし、手が前に出過ぎてはいけません。構えた時は見えているフェース面が、ちょうど見えなくなるところまで手元を動かすのが目安です。

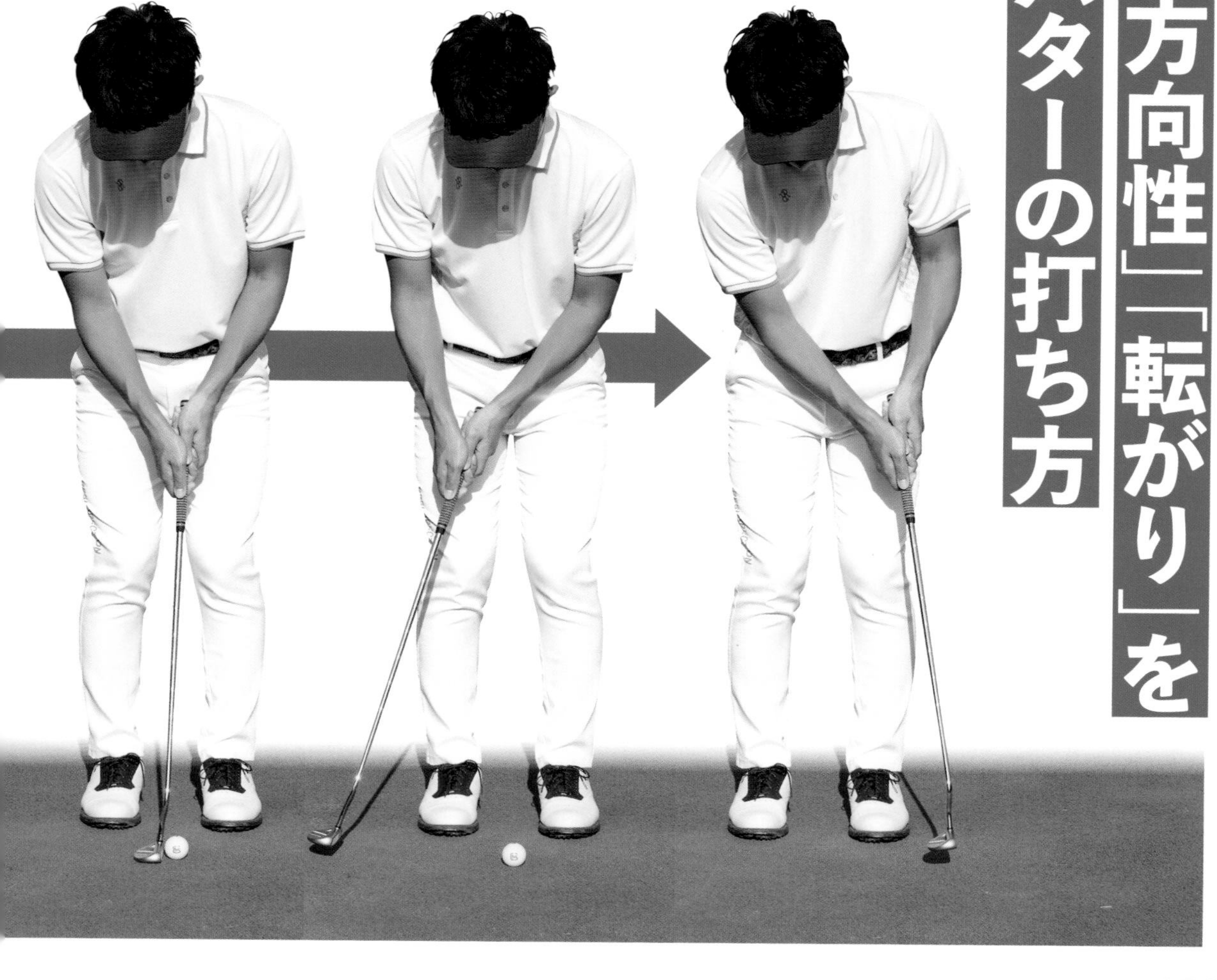

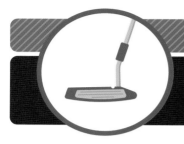

NG 手首を使って打ってはいけない

手首を使うとパターヘッドが走ってしまうので、大オーバーしてしまったり、方向性も安定しない。パッティング中は手首が折れないように、しっかりと固めることが大切

POINT 胸から垂直に生えたパターを上半身の回転で打つイメージ

パターは下半身の動きは使わずに、上半身の回転(腕からクラブまでを棒状にした1本の振り子)だけで打つ。胸にグリップエンドを当てて、回転によってクラブを動かす感覚を身に付けよう

POINT 始動で少しだけ手元を目標方向側に動かす「フォワードプレス」を入れるメリット

一般的なパターには3度程度のロフトがついており、これを0度で当てると最適な転がりが得られる。また、スムーズにテークバックしやすくなる効果もある

POINT 緩やかなイントゥインの軌道を描く

パターは他のクラブに比べて直線に近い軌道にはなるが、完全に真っ直ぐ動かそうとすると自然な体の動きではなくなってしまう。わずかにイントゥインになるのが正しい軌道だ

COLUMN

前日練習はウォーミングアップだと思って気楽にやろう

「ラウンド前日は練習しない」という人もいますが、結論から言うと、したほうが良いです。ただし、注意すべきポイントがあります。「本番で良い球を打ちたい・曲げたくない」という気持ちから、無意識に力んでしまったり、体を止めて打ってしまったり、普段通りのスイングができないという現象が起こりやすくなります。前日練習の目的は、良い球を打って安心するためではなく、ウォーミングアップです。ですから、多少曲がろうが、当たりが悪かろうが、気にしないことが大切です。あくまで体をほぐすことが目的で、そこで打ちすぎて筋肉疲労を溜めてしまったり、調子を崩してしまっては本末転倒なのです。

前日やスタート前の朝の練習は絶好調でもコースに出ると絶不調、ということはよくある話です。当然逆のパターンもあるので、練習での調子は気にしてもあまり意味がないのです。また、新しいクラブを買った日も同じような現象が起こりやすくなります。つまり、いつもより気合が入っている日は、体の動きも変わりやすい、ということを覚えておきましょう。

第六章

絶対にやるべき目的別反復ドリル

正しい動きや形を頭で理解しても、体をその通りに動かすのは簡単ではありません。
そのため、ドリルを反復して行い、体に動きを覚え込ませる必要があるのです。
「振り子」「回転」「足の動き」のそれぞれを身に付けるために
有効なドリルを厳選したので、自分の弱点に合わせて練習しましょう。

THE COMPLETE GOLF SWING GUIDE

振り子習得
ドリル

2ヤードアプローチ

やり方 ☑自分が加える力はゼロで、ヘッドの重さだけで振る

対象者 ☑アプローチが苦手　☑力が入りすぎてしまう

効果 ☑ヘッドの重さを感じられる　☑クラブに任せて打つ感覚が分かる

振り幅は
7～5時で
無理に
小さくしません

ウェッジでのアプローチだが、2ヤードの距離を打つ。クラブヘッドの重さだけで振ることが大切だ。短い距離なのでつい手先で打とうとすると、ボールが飛びすぎたり打点も安定しない

手を脱力させて クラブヘッドの重さで振る

このドリルの目的は、クラブヘッドの重さを利用して打つ感覚を身に付けることです。普段手や腕の力で打っている人にとっては長い距離を打つより、この短い2ヤードを打つ方が難しく感じるかもしれません。振り幅は太ももの外側（7～5時）くらいです。ここに自分の力を加えると飛びすぎてしまうので、完全にクラブヘッドの重さだけで打つことが必要になります。

「打つ」というよりもクラブヘッドを「落とす」という感覚が近いです。ですからクラブヘッドの重さを感じる必要があり、そのためには手を脱力させなければいけません。手に力が入るとアプローチでダフりやトップなどのミスが出やすいです。クラブに任せて打てれば、短い距離でのミスが激減します。

POINT

クラブを反対に持って振ると ヘッドの重さをより感じられるようになる

クラブを反対に持ってグリップの重さを感じて振るには、手の力をほぼ0にする必要がある。手に力が入りすぎてしまう人は、このドリルをすることで、正しい力感が分かる

振り子習得
ドリル

親指外し打ち

やり方 ☑指でグリップを支えて親指を離す

対象者 ☑手打ちになる　☑グリップを強く握りすぎてしまう

効果 ☑手と腕と体が同調する感覚が分かる　☑正しい握る強さが分かる

グリップは指の付け根で引っ掛けるようにする。強く握りすぎてしまう人の多くは、親指でグリップを押さえつけるように握っているため、親指を外すことで脱力する感覚が分かる

体と振り子の同調を感じることができる

両手の親指を外し、指の付け根で引っ掛けるようにクラブを支えます。そうすることで、強制的に手だけで打つことができない状態になります。グリップで力が入りすぎてしまう原因として、特に右手の親指をグリップの上に乗せて、押さえつけるように握ってしまうことがあります。すると手や腕の力に頼った打ち方になってしまうのです。このように握ってしまっている人は、このドリルによって正しいグリップの力感を知ることができます。

また、親指を外したままボールを打つためには、クラブを体の回転で振る必要があります。この時常に腕とクラブが体と同調して動くようにすると、手先ではなく体幹を使ってクラブを動かす感覚が身に付きます。

POINT

2ヤード打ちと同じように ヘッドの重さだけで打つ

手や腕だけで振ろうとするとクラブをコントロールできず、上手く当たらない。ヘッドの重さを感じながら、腕からクラブまでを1本の振り子として考え、体の回転を使って打つ

ショートスイング

やり方 ☑小さいスイングで体の動きを確認する

対象者 ☑アプローチが苦手　☑スイングの基本が分からない・できていない

効果 ☑芯に当てるための動きがわかる　☑一本の振り子で打つ方法が分かる

手元の位置が腰から腰の振り幅でボールを打つ。腕を曲げずに、両肩と腕を結ぶ三角形を崩さないようにする。体を回転させずに打とうとすると、腕が曲がり三角形が崩れてしまう

NG

手だけで打ってはいけない

手首を使わずに、一本の振り子だけで打つことが大切。手に力が入ると、右手が手のひら側に折れるフリップになりやすい。ダフりやトップ、右に抜けてしまう球が出やすくなる

小さいスイングから徐々に振り幅を大きくする

ショートアイアンを使って、腰から腰の振り幅でボールを打ちます。小さい動きの中でも、正しい振り子、回転、足の動きを意識することが大切です。そのまま振り幅を大きくしていけば、フルスイングになります。

いきなりフルスイングするのではなく、まずはショートスイングで正しい動きや、芯に当てる感覚を確認しましょう。また、調子が悪いと思った時も、ショートスイングに戻ります。ショートスイングには、必要なことが全て詰まっていて、スイングに悩んだ時も正しい道へと戻してくれます。小さいスイングで正しい動きができていなければ、大きいスイングでもできないということです。だからこそ、ショートスイングをたくさん練習し、基準を持つことが大切です。

POINT
グリップエンドが常にヘソを向いた状態を保つ

アドレス時の手首や腕の形を変えずに打つ。常にグリップエンドがヘソを向いていることを意識することが大切だ。腕が曲がったり手首を使うと、グリップエンドが違う方向を向いてしまう

POINT
ピッチングウェッジを使って練習しよう

ピッチングウェッジや9番アイアンを使って練習しよう。打点がシビアなサンドウェッジや、ボールが上がりにくい7番アイアンに比べ簡単で、ボールが芯に当たる感覚が身に付きやすい

POINT
ヘッドが両足の真ん中ボールは少し左足寄り

ボールの位置はクラブヘッドのリーディングエッジが真ん中、ボールは少し左足寄りになる。この位置だと、振り子の最下点でボールを打つイメージがしやすく、シンプルな動きでボールを打てる

振り子習得
ドリル

右片手打ち

やり方 ☑アドレスの手首の形を変えずに振り子で打つ

対象者 ☑アプローチの打点が不安定　☑手・腕と体がバラバラに動く

効果 ☑右手・右腕の正しい動きが分かる　☑当て感を養える

右ヒジを自分に向け、その向きが変わらないように体の回転を使って打つ。腕だけが動くとヒジの向きが変わってしまう。右手首を使わず、アドレス時の手首の形をキープしたまま打とう

NG

手の力で打とうとすると腕が曲がったりフリップしたりしてしまう

右手の悪い動きを改善できる

右手の片手打ちのポイントは、右手を使わないことです。矛盾するようですが、利き手が右手の人は力が入りやすく悪い動きをしやすいのです。ダウンスイングからインパクトにかけて、手首を使ってクラブを振ろうとすると腕が曲がったり、手首が手のひら側に折れるフリップになったりします。大切なことなので繰り返しますが、自分の力ではなく、クラブヘッドが落ちてくる力と回転によって打たなければ振り子にはなりません。

右手1本で打つ時に手や腕の力だけではなかなかボールに当たりません。体と腕が同調し、体の回転を使う必要があります。ヒジが自分に向くように構えると腕と体に一体感が生まれます。その形をキープしながら打つと上手く当てることができます。

POINT

上腕と胸の距離をキープする

体の回転に対して腕が動きすぎると、不安定なスイングになってしまう。上腕と胸の距離をアドレスから変えないようにしよう。体と腕の距離や位置関係が変わらなければ、体と腕が同調して動くので再現性の高いスイングになる

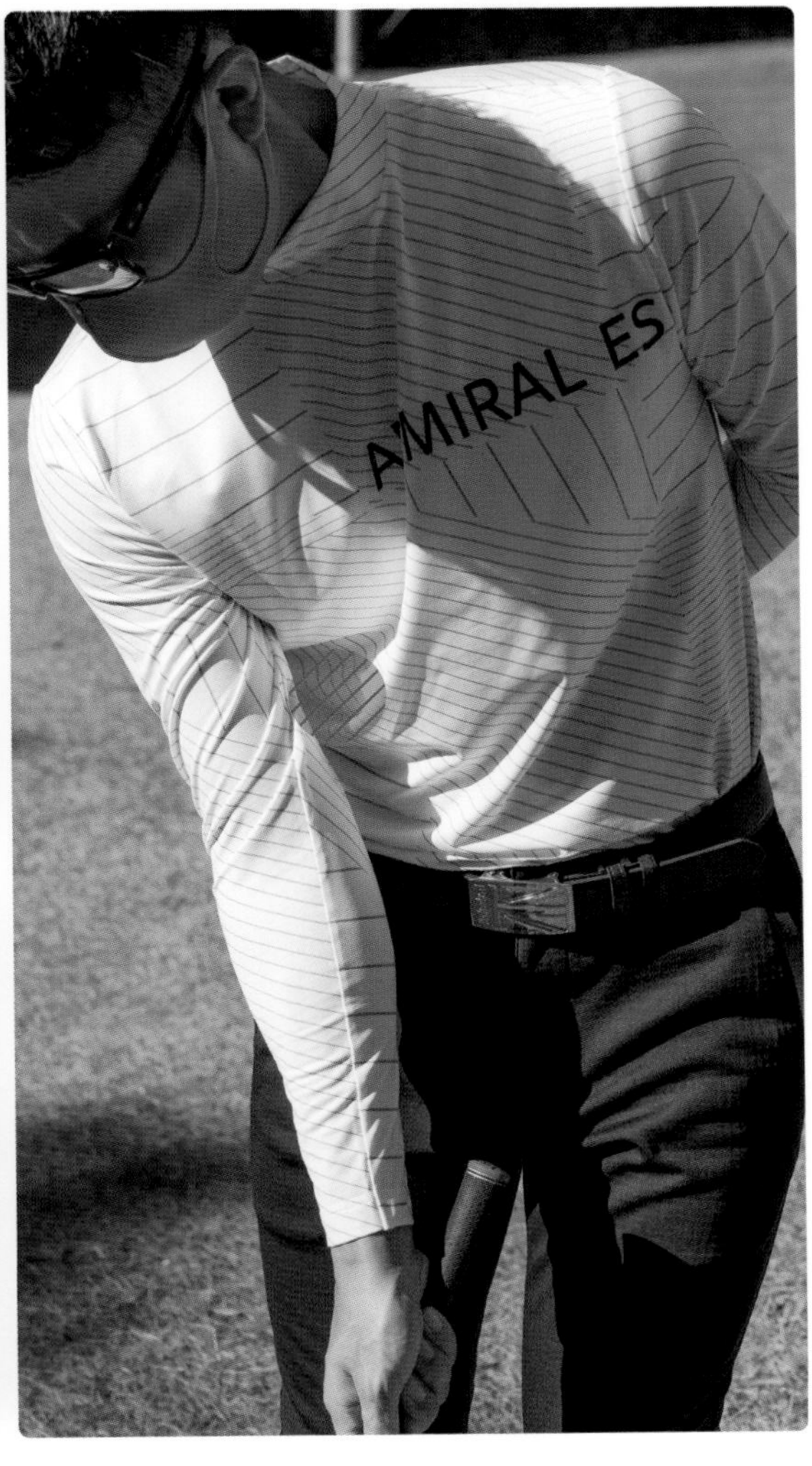

振り子習得
ドリル

左片手打ち

やり方 ☑左腕を伸ばしたまま、体の回転と共に打つ

対象者 ☑左腕が曲がってしまう　☑打点が定まらない

効果 ☑左腕とクラブを一本の振り子のように動かせる　☑小さい振り幅でも体で打つ感覚が分かる

左手だけでクラブを振ることはできないので、必然的に体の動きが必要になる。左腕とクラブを一本の振り子だとイメージして、腕や手首を使わずに体の回転でスイングしよう

NG

**フォローで
左ヒジが引ける**

体が回転せず、腕の力だけで打とうとすると、フォローでヒジが引けた形になってしまう。脇を締めてフォローでヒジが地面を向くように動かすと腕を伸ばしたまま振り抜ける

小さい振り幅でも手や腕に頼らずに打とう

左手だけでクラブを扱うと、かなり重く感じるのでフラフラと不安定になってしまいます。そのまま無理に打とうとすると、ヒジや手首が曲がりまともに当たりません。脇を締めて体と腕に一体感を持たせながら、体の回転を使って打つことで芯に当たる確率が増えます。

小さい振り幅だと、つい手先で打ちたくなってしまいますが、それだと再現性がなくなります。クラブを上に上げようとすると、手や腕に力が入りやすくなり、下ろしてくる時も手や腕の力に頼ってしまうのです。クラブを低く押すようにテークバックすると腕がグッと伸ばされます。その伸ばされた腕を戻すようにして振ると、体を使ったスイングが覚えられます。

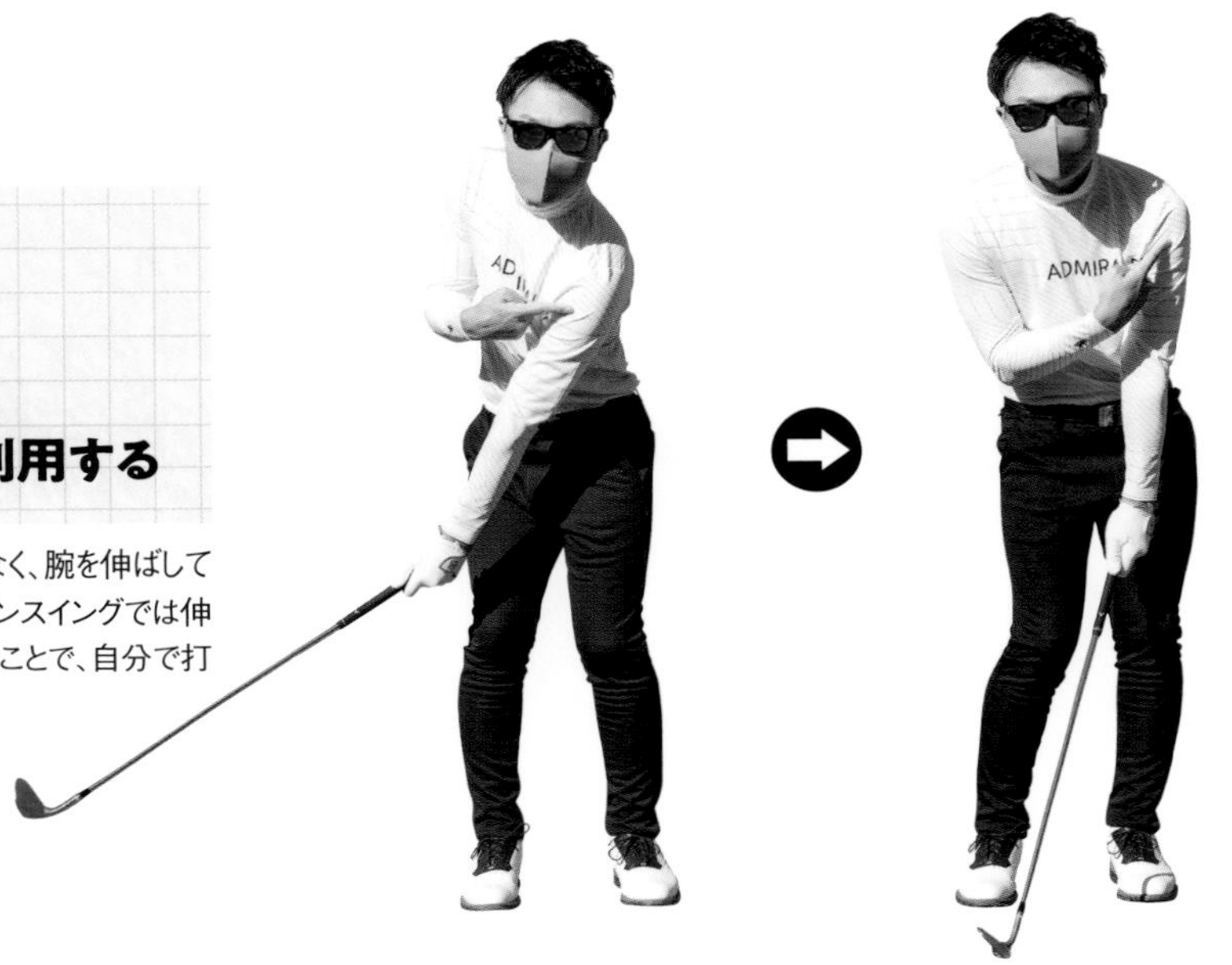

POINT

腕の力ではなく、グッと伸ばされた左腕を戻す力を利用する

クラブは上に持ち上げるのではなく、腕を伸ばしていくようにテークバックする。ダウンスイングでは伸ばされた腕や肩を戻すようにすることで、自分で打ちにいく動きがなくなる

POINT

左手がポケットより下を通るように、地面に向かって低く長く押していく

クラブを上に上げるイメージを持つと、手や腕に力が入りやすくなってしまう。左手がポケットより下を通るように低くテークバックすることで、腕が曲がらずに体と同調したテークバックになる

クラブ回し①

やり方 ☑手・腕・肩を脱力してクラブをぐるぐる回す

対象者 ☑クラブを握る強さが分からない　☑フォローで左ヒジが曲がり、スライスに悩んでいる

効果 ☑ソフトに握る方がスムーズに振れることが分かる　☑正しい手首の使い方が分かる

自分から見てクラブを時計回りに回す。手の力を抜いてスムーズに回るようにしよう。スイングの時もこの力加減でクラブを握ると、手首の振り子を効率的に使える

NG

**上半身に力が入ると
キレイに回せない**

手に力が入ると手首がロックされて、クラブが回せない。手首が動かないと、ボールを飛ばそうとした時に手や腕の力に頼ってしまい、再現性のないスイングになってしまう

手首をたくさん使って効率的なスイングへ

ボールを飛ばすには、手首を柔らかく使いましょう。手首を固定してしまうとクラブの運動量が増えず、ヘッドスピードが上がりません。手首の振り子を効率的に使うためには、グリップをソフトに握ることが大切です。クラブを回すドリルで、正しい力感を確認してください。

　また、このドリルでは手首や腕の正しい動きを確認することができます。スイングに置き換えると、クラブが上にある時がトップ、右に倒れてダウンスイング、下に下りてインパクト、下から上に上がる時がフォローとなります。スムーズにクラブを回せた時、各ポジションでの手首の向きや腕の動きがどうなっているかを確認してみてください。それがスイングの時の正しい動きになります。

POINT

フォロー側では左ヒジをたたむことでクラブをスムーズに回せる

クラブが下から上に上がってくる場所は、スイングではフォロー側になる。ここで左ヒジを地面に向けるようにすると、脇が締まりヒジがたたまれて、スムーズにクラブを回せる

NG

ヒジが引けるとフェースがターンしない

ヒジが引けて脇が大きく開いた形になると、クラブを下から上に回せなくなる。スイングでもこの動きになってしまうと、クラブが外側から下りやすくなりスライスの原因となる

振り子習得
ドリル

クラブ回し②

やり方 ☑振り抜いた惰性でクラブを回す

対象者 ☑手首が正しく使えているか不安　☑フェースターンが上手にできない

効果 ☑正しく手首を使えているかを確認できる　☑スイング中の手や腕の力加減が分かる

ボールを打った後にフォロー側でクラブを回す。手や腕が力んでいると、クラブを回すことができない。また、正しいフェースターンが行われていない場合もクラブを回せない

手首による正しい
フェースターンを実感しよう

クラブ回しドリル①で正しい力感や、スムーズに手首を回す動きが掴めたら、その感覚を持ったまま次にボールを打ちます。その時、スイングになっても正しい手首の使い方ができているかを確認できるドリルがあります。フォローへ振り抜いた勢いのまま、クラブを自分から見て時計回りに回します。自分で力を加えて回すのではなく、惰性で回せれば、脱力できていたということです。

また、フェースターンが行われず、フォローでフェースが開いた状態だと、クラブをスムーズに回すことができません。その場合は手首の使い方が間違っているということです。クラブ回しドリル①に戻って、各ポジションでの手首の正しい動きをもう一度確認しましょう。

POINT

自分から見て時計回りにクラブを回す

NG
手に力が入っていると
手首が動かずクラブが
止まってしまう

自分から見て時計回りにクラブが回れば、正しいフェースターンができている。フォローでフェースが開いたままだと、時計回りにクラブを回すことが難しくなってしまう

振り子習得
ドリル

スプリットハンド

やり方 ☑右手と左手を離して持ち、右手が左手を追い越すように振る

対象者 ☑スライスに悩んでいる　☑力はあるのになぜか飛ばない

効果 ☑正しい腕・手首の動きが分かる　☑フェースターンでスライスを改善できる

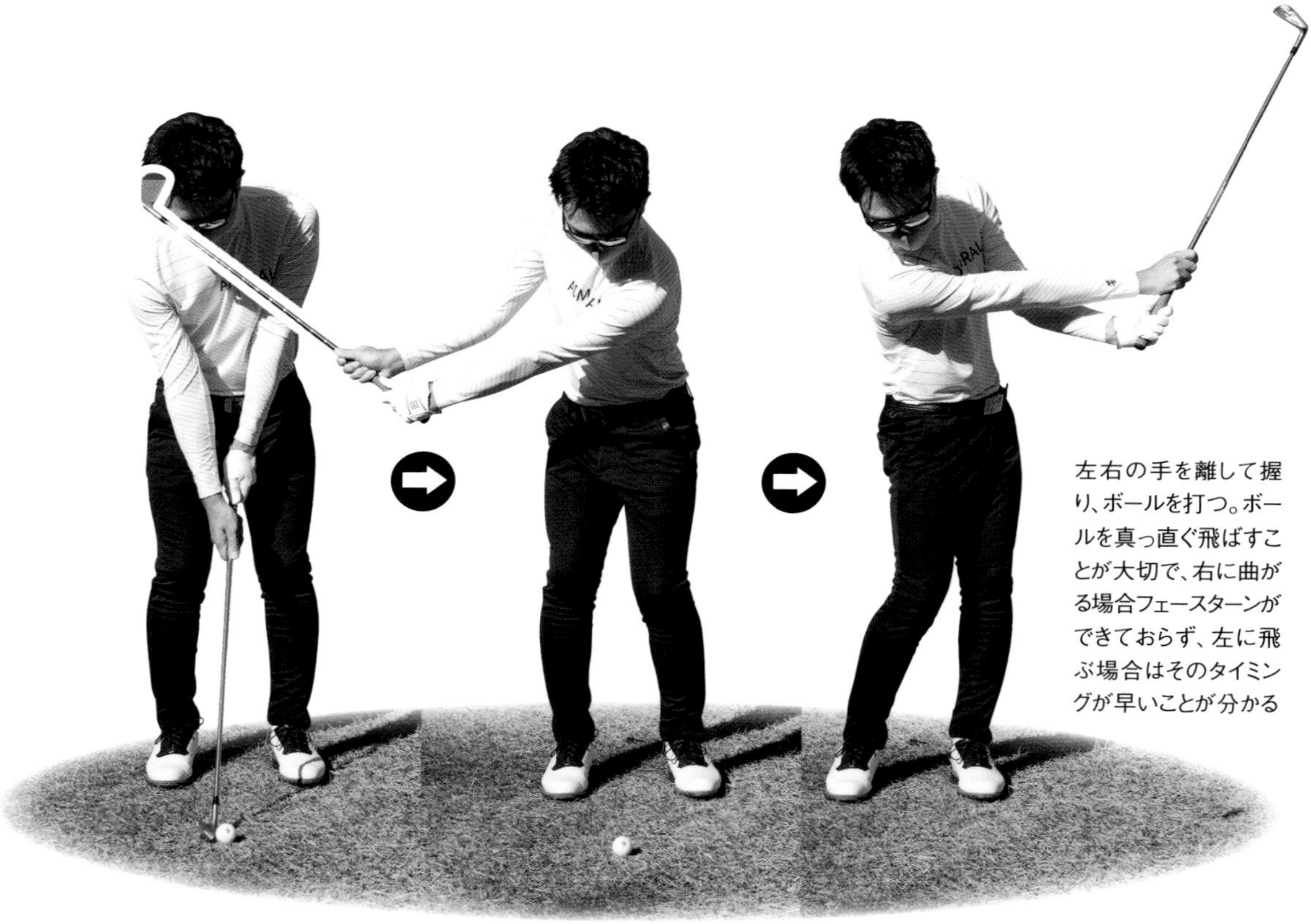

左右の手を離して握り、ボールを打つ。ボールを真っ直ぐ飛ばすことが大切で、右に曲がる場合フェースターンができておらず、左に飛ぶ場合はそのタイミングが早いことが分かる

POINT

グリップの端と端を持とう

手の距離を離せば離すほど、それぞれの手が違う方向に動いていく。グリップの端と端を持ち大きく離すことで、左右の手の役割が分かりやすくなるのでより効果的な練習ができる

正しくフェースターンできれば真っ直ぐに飛ぶ

スプリットハンドドリルでは主に、手首の正しい動きが分かります。バックスイングではコックが入り、左腕と左手の甲が真っ直ぐで、右手首には角度がつきます。そこから、右手の角度が解かれながら右手が左手を追い越していき、フォロー側では右腕と右手の甲が真っ直ぐ、左手首に角度がつく形になります。左右対称な手首の形を意識して振ることで、左右の手が入れ替わり、手首によってフェースを開閉させることができます。

この時、手や腕に力が入りすぎるとフェースを返しすぎたり、逆に手が入れ替わらなかったり、手元が体から離れてしまったりと様々な弊害が生まれます。そうなるとボールは曲がってしまうので、左右の手をバランス良く使い真っ直ぐに飛ばしましょう。

POINT
左手を逆に戻すイメージを持つと 手を入れ替えやすい

インパクトゾーンでは、右手が左手を追い越していきフェースターンが行われる。左手を目標方向と反対側に動かすような意識を持つと左右の手が入れ替わりやすくなる

NG 左手が先行すると手が入れ替わらない

手元が減速せず、左右の手が入れ替わらないと、フェースターンが行われずフェースが開いた状態でインパクトしてしまう。その結果、スライスしやすくなってしまう

POINT
フォローでは腕がクロスする

フォローでは腕がクロスした形になる。ただし、右手を強く使いすぎると、手元が前に出て体から離れてしまう。手元が胸の前から外れないように意識して振ろう

振り子習得
ドリル

連続素振り

やり方 ☑90度のコックから左右対称に連続で振る

対象者 ☑スイングプレーンが不安定　☑スイング中にバランスを崩しやすい

効果 ☑正しいスイング軌道が身に付く　☑スイングがキレイになる

バックスイング側だけ遅くなったり、フォロー側だけ速くなったりせず、一定のリズム・スピードで連続で振る。手や腕だけでなく体幹を使って振ることで、リズム良く振れる

左右とも
一定のスピードで
振りましょう

NG

コックの角度が90度を超えるとオーバースイングになる

手首の角度が付きすぎると、スムーズに切り返すことができない。バックスイング側で手首の角度が90度、フォロー側でも90度と、左右対称にすることでスムーズに振れる

スイングの悩みを解決する万能ドリル

連続素振りは正しいスイングをする上で非常に大切なドリルです。連続で振るためには、左右対称の動きをしなければいけません。左右で違う動きをしてしまうと、一定のリズムで振ることができなくなります。正しい手首の動きができていて、体と腕が同調し、行きと帰りが同じ軌道を辿ることで初めて連続で振れるのです。つまり、連続で振れれば、正しい動きになっているということです。

左右対称であることは、振り子の本質です。ですから、連続素振りのクラブの軌道、体の動きをイメージしたまま通常のスイングをすれば正しい動きができます。どこにクラブを上げるか、どのように下ろすか、など、スイングに悩んでいる人にはぴったりのドリルです。

POINT

行きも帰りもクラブが同じ軌道を通る

連続素振りをすると、意識してコントロールしなくても正しい軌道になる。バックスイング側もフォロー側も常に同じ軌道を通って上がり、同じ軌道を通って下りてくる

NG

軌道が変わると連続で振れない

クラブを上げる軌道と下ろす軌道が変わると、連続で振ることはできない。特に、インサイドに引いてアウトサイドから下りる軌道はスライスになりやすいので注意が必要だ

回転習得
ドリル

ショルダーターン

やり方 ☑クラブを背中に担いで速く体を回す　☑手でクラブを挟んで大きく体を回す

対象者 ☑体を上手く捻れない　☑体が硬い

効果 ☑正しい捻り方が分かる　☑体の回し方が分かる　☑柔軟性が上がり回転量が大きくなる

クラブを背中に担ぐと、強制的に胸が張った状態になる。その状態でクラブをバックスイング側に90度以上、フォロー側にも90度以上回す。なるべく速く回るようにすると効果的

NG

猫背だと体が回しにくくなる

背中が丸まり、胸が萎んだ姿勢だと、体が回しにくい。体をスムーズに大きく速く回すためには、腰から前傾して胸を張る必要がある

体の回し方が分かりストレッチにもなる

　多くのアマチュアゴルファーは、回転不足です。それは正しく回れていなかったり、柔軟性が足りなかったりするからです。そこで、ストレッチ効果があり、体の回し方も分かるドリルを二つ紹介します。体をしっかり回せるようになると、飛距離アップやスライス改善に繋がります。

　一つ目が、クラブを背中に担いで回るドリルです。捻転差を意識しながら、速く回れるようにしてください。クラブを担いでいることによって、正しい姿勢になるので、体が回しやすく感じられると思います。二つ目が、手でクラブを挟んで回るドリルです。左肩が右足の上までくるように大きく回ります。お腹や胸が伸ばされる感覚が大切です。長いクラブを持つほど難しく、効果も高くなります。

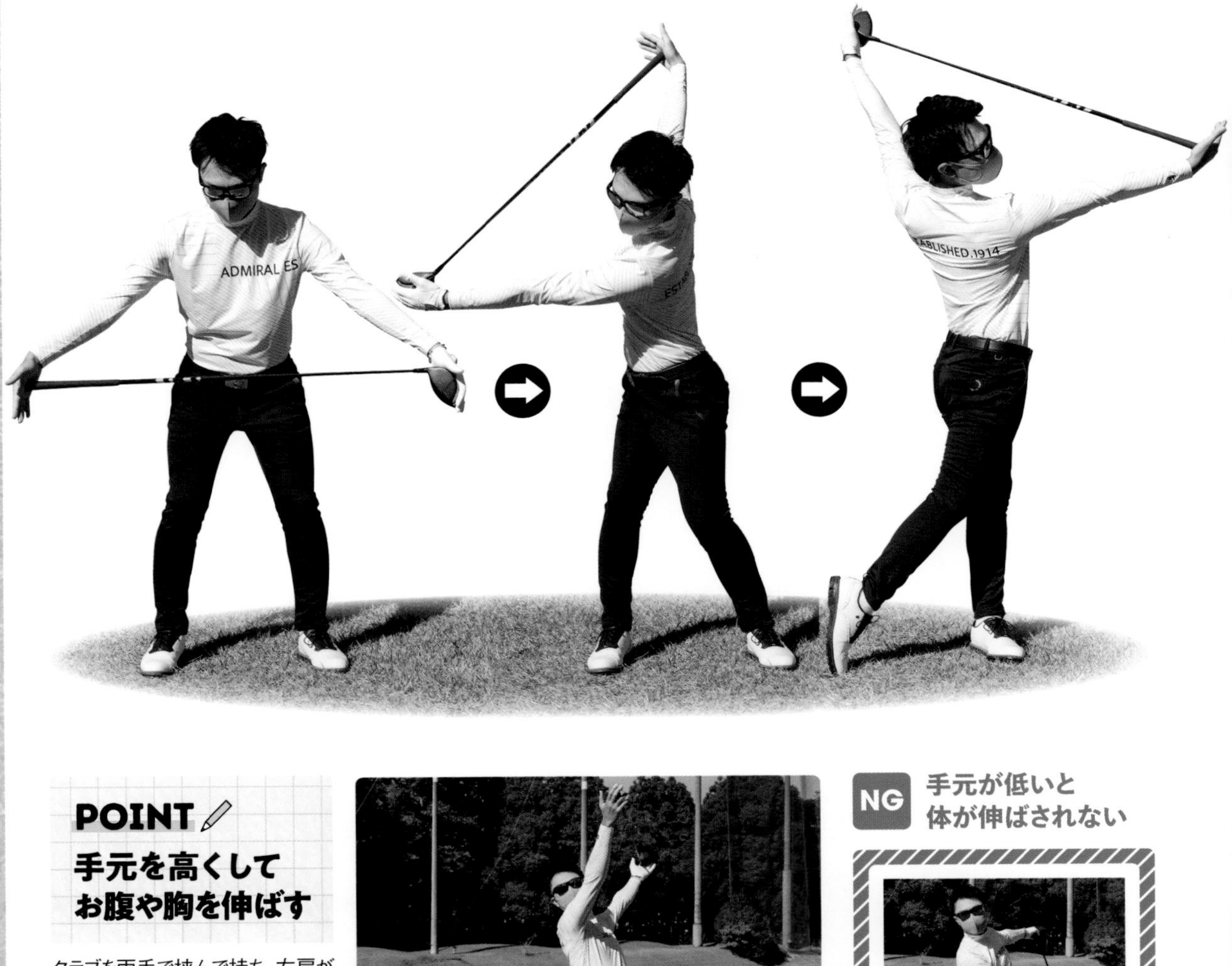

POINT

手元を高くしてお腹や胸を伸ばす

クラブを両手で挟んで持ち、左肩が右足の上までくるように、大きく体を回す。バックスイング側もフォロー側も手を高い位置に上げよう

NG 手元が低いと体が伸ばされない

回転習得
ドリル

ストレッチボディターン

やり方 ☑トップで右肩、フィニッシュで左肩を首の後ろに回す
対象者 ☑体を上手く捻れない　☑体が硬い
効果 ☑正しい肩の回し方が分かる　☑肩甲骨の柔軟性が上がる

両手を合わせて構えたところから、右手だけを後ろに上げて、右肩を首の後ろまで回す。次に右手で左手を叩くようにインパクトの形を作り、今度は反対に左肩を首の後ろに回す

POINT

肩を首の後ろに回すと肩甲骨が寄る

スイング中、トップでは右の肩甲骨が、フィニッシュでは左の肩甲骨が寄ることでグッと肩が深く入る。片方ずつ手を回すことで、その感覚が分かりやすくなる

肩甲骨を寄せる動きで しっかり肩が回る

トップとフィニッシュでは、肩甲骨が寄って肩がグッと入る感覚が必要です。肩甲骨が入らないと、一生懸命体を回しても肩の回転量が足りずに、結果的に回転不足になってしまいます。私が見てきた限り、最初はほとんどのアマチュアが肩の回転不足です。このストレッチボディターンドリルで改善しましょう。

両手を合わせて構えたところから、右手だけを後ろに上げて、右肩を首の後ろまで回します。フォロー側は左手だけを上げて、左肩を首の後ろまで回していきます。片方ずつ肩を回すことで、トップでは右の肩甲骨が、フィニッシュでは左の肩甲骨がグッと入る感覚が掴みやすくなります。肩甲骨の柔軟性が上がり、肩の可動域が広がるので準備運動としても最適です。

POINT

トップでは右の肩甲骨が入り、フィニッシュでは左の肩甲骨が入る

肩がグッと入った深いトップやフィニッシュができると、背中に肩甲骨が浮き出てくる。肩の回転量が足りていないと、肩が入る感覚がなく肩甲骨も見えない

NG

肩の回転が不十分だと肩が入らない

回転習得
ドリル

両足揃え打ち

やり方 ☑バランスを崩さないように軸を意識して打つ

対象者 ☑回転軸がブレてしまう　☑力んだスイングになってしまう

効果 ☑バランスの良いスイングが身に付く　☑体の回転で打つ感覚が分かる

足をピッタリとくっ付けてそのままボールを打つ。体の回転と手首を使ってクラブの運動量を大きくしよう。バランスを崩さないように振れば、軸を保ちながら打つ感覚が分かる

NG

バランスを崩してしまう

足を広げた状態では、回転軸が安定しているかどうかが分かりにくい。足を揃えることで、少しでも軸がズレるとバランスを崩してしまうので、軸を保てているか確認できる

軸がブレない
良いスイングが身に付く

両足揃えドリルは、連続でナイスショットを打つために必要な再現性を高めることができます。両足を揃えて打っていきますが、手や腕だけで打つのではなく、体をしっかり回しながら打ちましょう。バランスを崩さずに振れて、芯にボールが当たれば合格です。ポイントは、ピッタリとくっ付いた両足の真ん中に重心を感じながら、首の付け根の位置をキープして、軸がブレないようにすることです。

普段は足を広げて構えているので、軸がブレていても踏ん張れてしまいます。バランスはいつの間にか崩れてしまうもので、自分ではなかなか気付けないのです。不意に芯に当たらなくなったりした時に、バランスを確認・調整するためにも使える、優秀なドリルなのです。

POINT

首の付け根の位置を変えないようにする

頭の位置を固定しすぎると体が回しにくくなり、かえってバランスを崩しやすくなるので注意が必要。大切なのは、首の付け根で、この位置さえ変わらなければ軸をキープしてバランス良く振れる

体は背骨を中心に
回転するので
首の付け根の位置を
変えないようにすれば
軸をキープできます

回転習得
ドリル

お腹回し

やり方 ☑グリップエンドをヘソにつけたまま回る

対象者 ☑手や腕の力で打ってしまう　☑正しいクラブの軌道になっていない

効果 ☑体の回転と腕が同調したスイングが身に付く　☑一本の振り子で打つ感覚が分かる

クラブを極端に短く持ち、グリップエンドをヘソに当てて離れないように素振りをする。この時のバックスイング、インパクト、フォローでのクラブヘッドの位置を確認することで、正しい軌道が分かる

NG

グリップエンドがヘソから外れる

体と腕が同調して動く スイングが分かる

グリップエンドをヘソに当てて素振りをすると、体が回った分だけ腕とクラブも動きます。体が回らなければ、クラブは動きません。体と腕を同調させる、体の回転でクラブを振る、といった感覚が分かります。手や腕に力が入ると、ヘソからグリップエンドが離れてしまいます。

そして、体と腕が一体となって動くと、クラブが正しい軌道を通ります。ですので、テークバックやインパクト、フォローでのクラブヘッドの位置とフェースの向きを確認し、それを通常のスイングでも同じ場所を通せば正しいスイングができます。

このドリルはドライバーを使い、ティアップされたボールを打つとより効果的です。お腹を回しながらインパクトする感覚が身に付いていきます。

POINT

腰や肩だけではなく、 お腹もしっかり回す

腰や肩だけではなく、その間にあるお腹を回すことでスムーズに動けると共に、捻転差も作りやすくなる。ヘソを左右に向けるようなイメージでお腹を回してみよう

ハーフスイング

やり方 ☑9時3時の振り幅で50ヤード打つ

対象者 ☑ショットが安定しない　☑なかなか芯にボールが当たらない

効果 ☑体の回転でボールを飛ばす感覚が分かる　☑スイングの土台が出来上がる

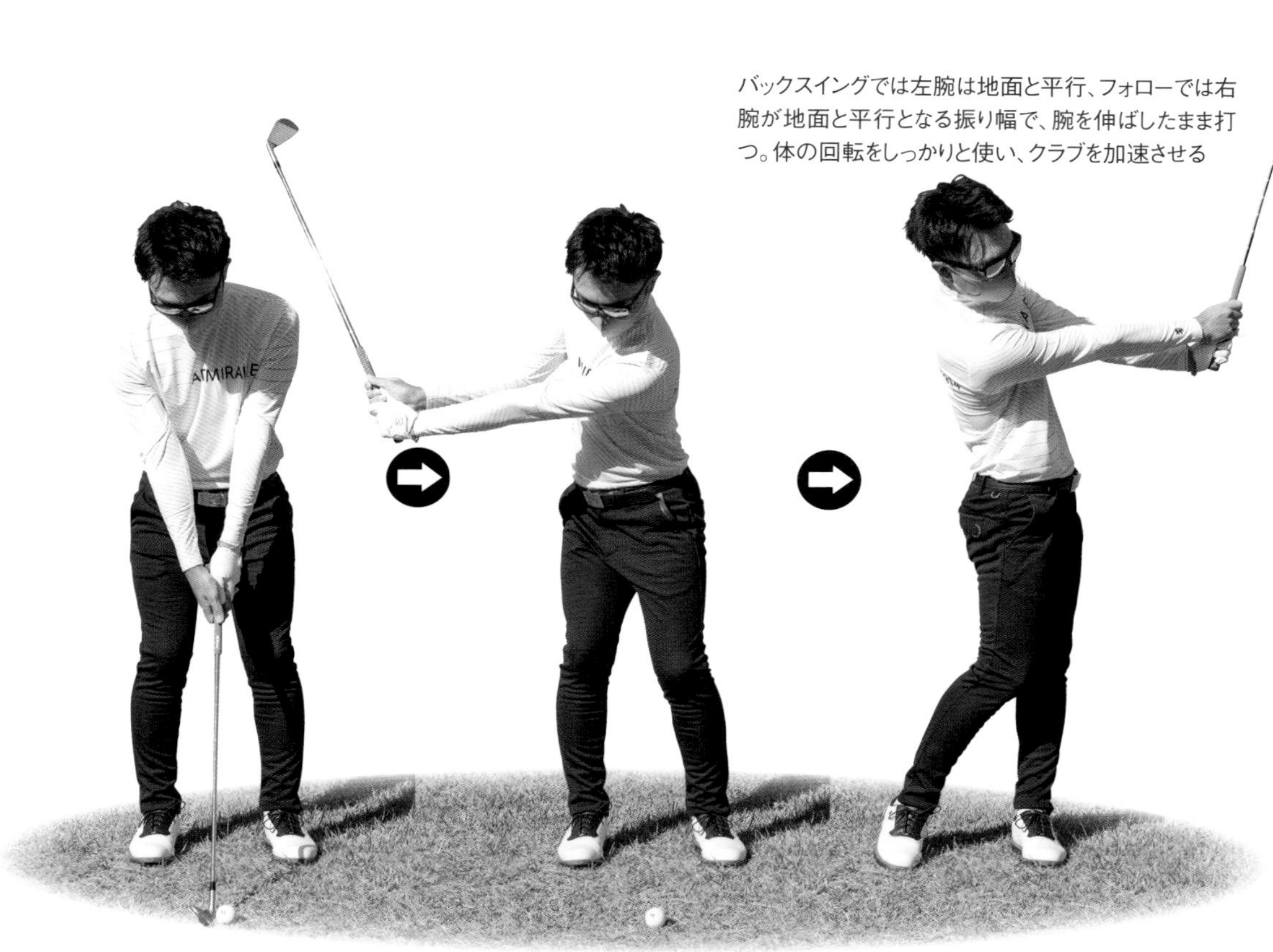

バックスイングでは左腕は地面と平行、フォローでは右腕が地面と平行となる振り幅で、腕を伸ばしたまま打つ。体の回転をしっかりと使い、クラブを加速させる

NG

胸が回らず手だけが上がる

体と腕を同調させ、回転によってクラブを振ることが大切だ。体よりも腕が大きく動くと、手や腕の力に頼ったスイングになり、腕が緩んで再現性のないスイングになってしまう

体の回転を最大限使って打とう

一本の振り子だけを使ったスイング（8時4時の振り幅）とフルスイングの中間にあたるのがハーフスイング（9時3時の振り幅）です。体の回転に手首の振り子を加えて打ちましょう。上半身の回転量は、フルスイングと同じになります。（厳密にはフルスイングでは足の動きが大きくなるので、全体的な回転量はもう少し大きくなる）。ハーフスイングができるようになってから、ここに回転のスピードや足の動きを強めていけば、正しいフルスイングができます。

多くのアマチュアは、回転不足だったり、体の回転量に対して腕が大きく動いてしまいます。ハーフスイングを練習することで、常に体と腕が同調して回転と共に打つスイングを身に付けることができます。

POINT

胸の面を意識して、 真後ろ➡目標方向へと180度回す

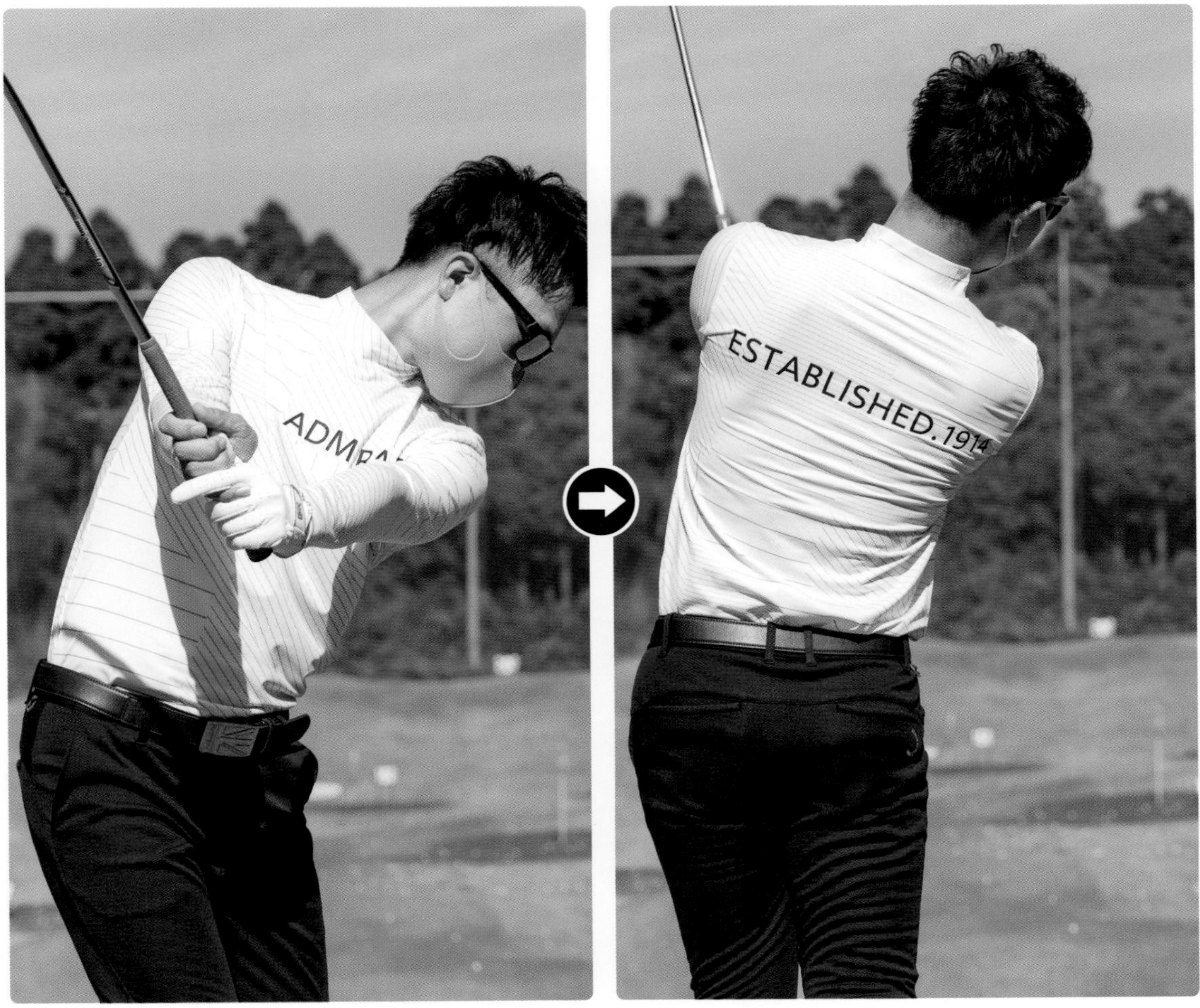

背中や胸の面を意識して、バックスイング側からフォロー側へ180度体を回そう。打ち終わりでは、胸が正面を向けているか、手元が胸の前から外れていないかを確認する

振り出しバックスイング

やり方 ☑フォロー側にクラブを振り出してからバックスイングする

対象者 ☑飛距離に悩んでいる　☑バックスイングがスムーズに上がらない

効果 ☑バックスイングの正しい形が身に付く　☑捻転する感覚が分かる

一度フォロー側にヘッドを振り出してから、勢いを付けてバックスイングする。バックスイングのスピードが速くなり、トップと捻転差が大きくなることでヘッドスピードが上がる

バックスイングの勢いが飛距離アップの源

ゆっくりとしたバックスイングから遠くに飛ばすプロや上級者もいますが、それはタフな体がないとできません。バックスイングを速く上げることで、トップや捻転差が大きくなり、切り返しでその反動を使えます。これが一番簡単にヘッドスピードを上げる方法なのです。

バックスイングを速くする時も、体の回転によってクラブを上げることが大切です。決して手や腕の力で上げてはいけません。その動きを体感するために、フォロー側に助走を付けてから勢い良くバックスイングするドリルをしましょう。いつもより捻転差が強く感じられるはずです。バックスイングが速くなっても、切り返しを急いではいけません。振り子のリズムを崩さずに打ちましょう。

POINT
十分に体を捻って服にシワがつくようにしよう

服にシワができるのは、しっかりと体が捻られて捻転差ができている証拠。バックスイングの勢いに負けて体が流れてしまうと捻転差はできないので、バックスイング時も軸を保つ意識をしよう

足の動き習得
ドリル

足踏みスイング

やり方 ☑バックスイングでは右足を踏んで左足を上げ、
ダウンスイングでは左足を踏み、フォローで右足を上げる

対象者 ☑正しい足の動きが知りたい　☑上半身と下半身がバラバラに動いてしまう

効果 ☑リズム良く打てるようになる　☑下半身を使ったスムーズなスイングが身に付く

足を上げてから踏み込むことで、強く地面を踏み込めるので、その勢いでクラブが振られる感覚が分かる。ヒザを内側に寄せるように足を上げることで、腰が回りやすくなる

歩くような自然な動きでスイングできるようになる

スイングは下半身が先行することで自然な動きになります。手や腕の力でクラブを振ろうとすると、先に上半身が動くのでぎこちないスイングになります。歩く時に腕が振られるように、スイングでも足踏みをした反動でクラブを振ることが必要です。その感覚を身に付けるために、足踏みドリルをしましょう。

右足を踏み込んだ反動でバックスイング、左足を踏み込んだ反動でダウンスイングをします。同時に踏み込んでいない方の足を上げてください。この時、体重が残ると足を上げられません。しっかりと体重移動をしながら振りましょう。

また、歩いている時のように、リズム良く振ることが大切です。下半身でリズムが作れるようになると、スイングが安定します。

POINT
足踏みによって腕が振られる感覚が大切

バックスイング時もダウンスイング時も、足を踏み込むことがキッカケとなり体が回り、腕が振られるという感覚が大切だ。まずはクラブを持たずに腕だけで素振りしてみよう

一歩前フォロー

やり方 ☑打ち終わりで右足を一歩前に踏み出す

対象者 ☑右足に体重が残ってしまう　☑フィニッシュで左足一本で立てない

効果 ☑アイアンがきれいに当たるようになる　☑フォロー側に体を回し切れるようになる

フォローで右足を左足の前に踏み出すように意識してスイングする。バックスイングでは右足に乗っていた体重が、ダウンスイングから左足に移動していく感覚が掴める

POINT 右足に体重を残さない

右足に体重が残ると右足を踏み出せない。右足に体重が残る人は、靴のつま先が折れた形になってしまうことが多い。靴の甲が真っ直ぐに保たれていれば、正しい足の動きができている

NG 右足に体重が残ってつま先が曲がる

軸をキープした体重移動が大切

フィニッシュで右足に体重が残ると、ボールを上げようとする、あおり打ちの形になりやすいです。この状態では最下点の手前で当てる必要があるアイアンを上手く打てません。また、体を回し切ることができないので、手や腕を使って振り抜いてしまうなど、右足に体重が残ることの弊害は多いのです。

フィニッシュでは、ほぼ全ての体重が左足に乗っているのが理想です。その状態を作るために、打ち終わりで右足を一歩前に踏み出すドリルをしてみましょう。右足に体重が残ると踏み出せないため、左足に体重移動する動きが分かります。ただし、左右に体を大きく揺さぶると不安定なスイングになってしまいます。軸を保ち、回転によって体重移動を行うのが大切です。

POINT
つま先を滑らせるようにして踏み出していく

右足を踏み出す時に、つま先で地面を擦るようにして左足に寄せていく。そうすることで、右足を内側に回す正しい動きができ、腰がスムーズに回せるようになる

足の動き習得
ドリル

片足打ち

やり方 ☑片足で立ち、反対の足はつま先で地面を触るだけ

対象者 ☑下半身がグラグラして安定しない　☑フィニッシュでピタッと止まれない

効果 ☑バランスの良いスイングが身に付く　☑足の力の入れ方が分かる

左足

足首、ヒザ、
足の付け根も
回っていきます

片足だけでスイングをすることで、体が回転していく時の体重移動をそれぞれの足がどのように受け止めているかが分かる。スイングは左右に体重移動を伴うので、足の外側に体重がかかる。足の裏で地面を掴むような感覚で、しっかりと体重を受け止めてバランスを保とう

右足

NG

バランスを崩してしまう

足の外側で体重を受け止めよう

スイング中に軸がぶれてしまったり、フィニッシュでピタッと止まれなかったりする人は、体が動きすぎてしまって、体重を足で受け止めきれていません。片足打ちドリルでは、バランス良くスイングできる範囲で体を動かすことや、どのようにすれば踏ん張りが利くかを体感することができます。

バックスイング時は右足に、スイングの後半では左足に体重がかかります。その体重移動をそれぞれ足の外側で受け止めることで踏ん張ることができます。ですから、足の裏の感覚に集中してください。また、腰が回り過ぎると体重を支え切れないので、適切な腰の回転量も分かってきます。両足で打つ時も同じ下半身の動きを意識して、バランス良く振りましょう。

POINT

慣れてきたら反対の足を浮かせてみよう

どれくらいの体重移動なら
バランス良く立てるか、
踏ん張る時は
どこに力が入っているかを
確認しましょう

まずは反対の足のつま先だけを地面につけた状態から始める。慣れてきたら、足を浮かせてみよう。難易度が上がり、よりバランスを崩さずに打つための足の踏ん張り方が分かりやすくなる

足の動き習得
ドリル

スクワット打ち

やり方 ☑ブランコを漕ぐイメージで沈んで伸びる

対象者 ☑飛距離に悩んでいる　☑アウトサイドからクラブが下りる軌道になってしまう

効果 ☑スムーズに腰を回せるようになる　☑自分で操作しなくても正しいクラブ軌道になる

ブランコのように、ヒザの屈伸によってクラブを加速させる動きを覚えよう。トップから大きく沈んだところで止まり、インパクトに合わせて伸びる動きでボールを打つ

プロや上級者に共通する効率を上げるための動き

　沈み込みは難しい動きですが、身に付けることができれば大きなメリットがあります。まずは、トップから大きく沈み込んだところで止まり、そこからヒザを伸ばしながらボールを打ちます。そうすることで、クラブが加速する正しいタイミングが分かってきます。慣れてきたら、動きを止めずに一連の動きで行いましょう。腰がいつもよりスムーズに回せたり、クラブヘッドが走る感覚があれば合格です。

　スイングの中にこの動きが必要なのは、飛距離アップのためだけではありません。沈み込むことで手元・クラブの位置が下がり、自然に正しい軌道になるのです。自分で軌道をコントロールしようとせず、振り子のように同じ道を通る意識だけで良いので、再現性が上がります。

POINT
前傾をキープしたまま伸び上がる

沈み込んで伸び上がる動きは、下半身が地面を踏み込む動きによって作られるもの。上半身は上下運動させず、アドレス時の前傾角度をキープしよう

NG

上半身が起き上がってしまう

ヒザを伸ばしていく時に、一緒に上半身が起き上がってはいけない。手元の通り道がなくなり振り抜きにくく、シャンクなどの原因になる

ウエストターン

やり方 ☑腰の後ろでクラブを持ち、グリップがボールの上にくるまで回す

対象者 ☑フォロー側に腰を回し切れない ☑手や腕の力に頼ったスイングになってしまう

効果 ☑下半身主導でボールを打つ感覚が分かる ☑足の動きと腰の回転の関係性が分かる

通常のアドレスと同じ位置にボールを置き、その上にグリップがくるまで腰を回す。腰に当てたクラブでボールを打つようなイメージで、腰を押し込みながら回す動きが必要になる

下半身の動きによって腰を押し込もう

フォロー側に腰を回し切ることができないと、右足に体重が残ってしまったり、体が止まって手や腕の力に頼ったスイングになってしまいます。腰が止まってしまう原因は、下半身の動きが不十分なことにあります。腰にクラブを当て、グリップがアドレスと同じ位置に置いたボールの上まで届くように腰を回すドリルをすると、いかに足の動きが重要かが分かります。

大切なのは、右足を内側に捻りながら腰を押し込むような動きです。回転は背骨を軸とした「体の入れ替え」とお伝えしましたが、腰も入れ替える必要があります。腰を押し込むように回していくと左足に体重が乗り、腰が流れているようにも感じるかもしれませんが、これが軸を保った正しい回転なのです。

POINT

右足を内側に回して腰を押し込んでいく

腰だけを
回そうとせず、
足も動かしましょう
ADMIRAL

腰だけを回そうとしても、ボールの上にグリップが届かない。右足を内側に捻りながら地面を蹴り、左足を伸ばしていく下半身の動きが伴うことで、腰を回し切ることができる

足の動き習得ドリル

ジャンプチェック

やり方 ☑真上にジャンプしてバランス良く着地する

対象者 ☑アドレスでの正しい重心の位置が知りたい　☑スイング中に足が踏ん張りにくい

効果 ☑母指球で体重を支える感覚が分かる　☑足の力が使いやすいアドレスができる

真上にジャンプしてバランス良く着地すると、若干前屈みになり母指球が重心となる。この姿勢が正しいアドレスの目安だ。つま先やカカトに体重がかかって、よろけてしまったらやり直し

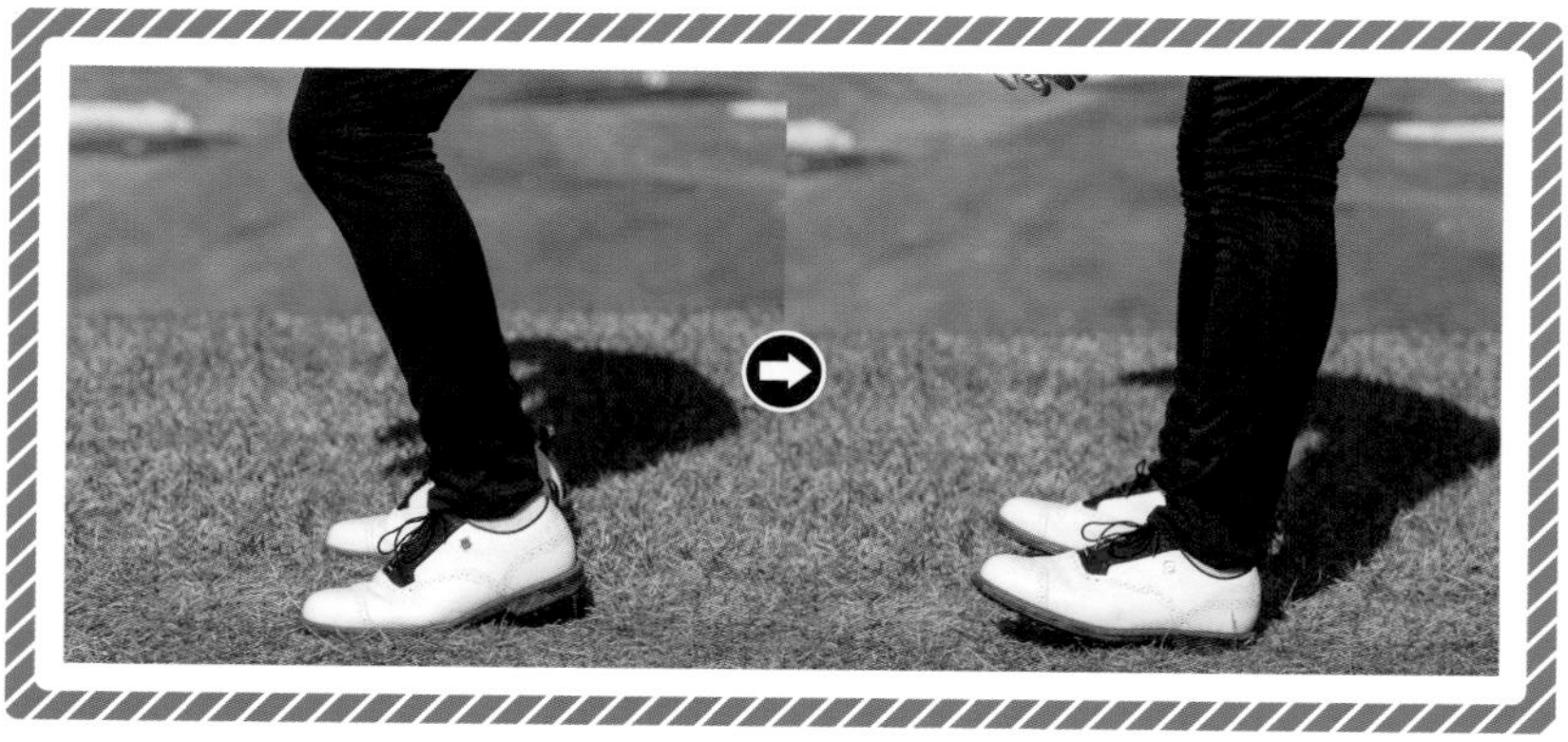

NG

つま先やカカトに体重が偏る

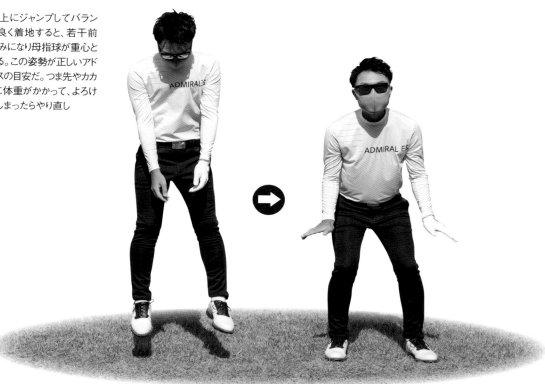

安定感と動きやすさを両立できる構えを覚えよう

下半身に力を入れて、スイング中にバランスを崩さないようにするのは絶対条件です。しかし、ドッシリと構えすぎて下半身が動かなくなると、体の回転ができなくなってしまいます。そこで、安定感と動きやすさを両立した重心位置にしておくことが大切なのです。

その位置を簡単に把握できるのがジャンプチェックドリルです。真上にジャンプしてバランス良く着地すると、少し前屈みの姿勢となり、重心は母指球のあたりになります。結果的に足の裏の前後左右に均等に体重がかかり、動きづらくない程度に下半身が安定します。このドリルは練習だけでなく、コースでも使えます。アドレスを作る前に行えば、時間をかけずに正しく構えることができるのです。

POINT

母指球に重心が乗りつつ、 足の裏全体で体重を支える

正しい重心位置は、土踏まずから少し前の母指球あたり。この位置が重心となることで、下半身のバランスを取りやすく、同時にスムーズに動きやすい構えとなる

知らないとキケンな

スイングのホント

動きの意味を理解しないで練習するのはキケン

「タメ」をダウンスイングで作ろうとする

「タメ」とは、インパクトの直前まで手首のコックの角度が保たれていることだ。コックの角度が解けるのが早いと、ボールにパワーを十分に伝えきれなかったり、クラブが外側から下りてきてスライスしやすくなる。しかし、この「タメ」を意識的に作ろうとすると手首が固まりやすく、適切なタイミングで解かれなくなってしまう。「タメ」は作るものではなく、正しいスイングができた結果、自然になるものだと考えておこう

フェースを返さないスイング

「フェースを返さない」というのは、過度にフェースターンをしてしまって、ボールが左に飛ぶミスが多い人に対しての対処療法的な教えだ。フェースターンは必ず必要で、フェースを返さなければ真っ直ぐに飛ぶというのは間違っている。フェースを真っ直ぐに動かそうとすると、体の回転と腕が同調しなくなってしまったり、手首を柔らかく使うことが難しくなってしまうので、適切なフェースターンの度合いを意識することが大切だ

よくあるレッスン用語に騙されるな

レッスンの記事や動画を見ていると、「ハンドファースト」や「タメ」、「フェースを返す・返さない」などという言葉が良く出てきます。特にプロゴルファーがそのようなことを言うと、説得力があって、自分でもやりたくなります。しかしそのほとんどは「対症療法」であり、ある人には効果的でも、自分に合っているとは限らないのです。例えば、右に飛ぶミスが多いのに、手を返さないようにしてしまったり、弾道が低いのに、ハンドファーストをさらに強くしてしまったりすると、悪い動きを助長してしまうのです。

大切なことは、その言葉を鵜呑みにせず、自分に必要かを精査することです。すでに正しい動きや形ができていれば、それを変える必要はないのです。

ゴルフは基本《きほん》がすべて！
てらゆーのゴルフスイング大全《たいぜん》

2023年３月１日　初版発行
2024年７月30日　11版発行

著者／てらゆー

発行者／山下 直久

発行／株式会社KADOKAWA
〒102-8177　東京都千代田区富士見2-13-3
電話　0570-002-301（ナビダイヤル）

印刷所／TOPPANクロレ株式会社

●お問い合わせ
https://www.kadokawa.co.jp/（「お問い合わせ」へお進みください）
※内容によっては、お答えできない場合があります。
※サポートは日本国内のみとさせていただきます。
※Japanese text only

定価はカバーに表示してあります。

ISBN 978-4-04-606174-4　C0075